北京胡同

Lanes of Beijing

图文纪实

马玲 著

世界知识出版社

图书在版编目（CIP）数据

北京胡同 / 马玲著 . -- 北京 : 世界知识出版社，
2020.8（2024.7 重印）
ISBN 978-7-5012-6257-1

Ⅰ . ①北… Ⅱ . ①马… Ⅲ . ①胡同 - 介绍 - 北京
Ⅳ . ① K921

中国版本图书馆 CIP 数据核字（2020）第 116708 号

北京胡同
Beijing Hutong

作　　者　马　玲
责任编辑　薛　乾　　特邀编辑　杨　娟　周　华
责任出版　李　斌
装帧设计　子鹏语衣
内文制作　子鹏语衣
出版发行　世界知识出版社
地　　址　北京市东城区干面胡同 51 号（100010）
网　　址　www.ishizhi.cn
联系电话　010-65265919
经　　销　新华书店
印　　刷　廊坊市海涛印刷有限公司
开本印张　710 × 1000 毫米　1/16　24.5 印张
字　　数　395 千字
版次印次　2020 年 9 月第一版　2024 年 7 月第二次印刷
标准书号　ISBN 978-7-5012-6257-1
定　　价　88.00 元

送你一把钥匙，让你开启胡同里的一扇扇大门；
每一扇门后面，隐藏着等你搜寻的一段段故事……

自序

我没住过胡同，从小生活在部队大院。

但胡同里那斑驳而又斑斓的色彩，令我着迷。

我没事爱往胡同里钻，看陋巷，看破院，看老北京的点点滴滴。

结果，我成了胡同串子。

我父亲住过胡同和大杂院。1942年日本侵略军在华北地区大扫荡之后，十岁的父亲和家人从河北深州来北京卖香烟，住北京南城磁器口一带的大杂院。上世纪90年代，已是中将司令员的父亲突然心血来潮，带着我们母女去寻那个大杂院。那院变化不大，还是大杂院，院中一位80多岁的老太太竟然认出了父亲，亲切地叫出“马老四”，并畅叙当年的围炉之乐。

那是我对胡同印象最深的一次探访。

20多岁时，我写过一篇名为《镶金的白发》的短篇小说，载于《解放军文艺》。小说描述生活在胡同里的一个老太太和一个小女孩因孤独相遇，彼此成了忘年交。老太太不幸去世后，小女孩满怀感伤地捡起一根老太太的白发珍藏留念。

30多岁时，宣武区政府的一位“老北京通”，领着我骑自行车遍寻南城老北京的残迹。我曾写一整版文章刊登于香港《大公报》和《北京青年报》。

40多岁的时候，在北京保护胡同的一片热潮中，我发现奥运会之后，菜市口附近又有大片胡同在拆，于是拍了一些图片在香港《广角镜》杂志图文并茂地刊登。

可惜呀，我镜头里的一些胡同已经不复存在。现在，我把这些年拍摄的图片成册推出，也算了却一桩心愿：为胡同穿起一串缀着历史与文化标识的珍珠，供胡同爱好者凭吊与欣赏。

……

《北京胡同》首次出版于2011年3月。曾多次荣登北京西单图书大厦、北京王府井书店畅销书排行榜，并于2013年入选第三届北京阅读季最受大众喜爱的"十大影响力图书"。

转眼已是2020年，北京的胡同以及胡同居住的生活方式也发生了巨大变化。如首版提到"住胡同的弊端"：没有统一供暖，需要烧炉子；用水困难，怕冬天上冻；四合院保暖性差，怕刮风下雨过冬天；胡同的生活垃圾处理困难，等等，经过近几年的努力，均已不同往昔。现在的胡同，整洁干净，用水方便，家家户户都是市政供暖，冬天不用烧炉子，即使公共厕所，也改进了很多。但是胡同独特的历史文化风貌和生活韵味，还是一脉相传。

此次重版，为忠实记录老胡同的历史变迁和原始风貌，故仍以首版拍摄于2004—2009年的照片和一些资料图片为主体。为便于读者今昔对照，本版又增补了拍摄于2015—2019年的部分照片。值此重版之际，特此说明。

2020年5月

目 录

第一部分 胡同知识

第二部分 胡同味道

CONTENTS

第三部分 凄凉拆迁

第四部分 人文视角

第五部分　胡同别韵

第六部分　“文革”遗痕

C O N T E N T S

目 录

CONTENTS

p a r t 1

第一部分

胡同知识

胡同曾经多如牛毛

北京的胡同，散布在二环以内，即原东城、西城、宣武、崇文四个老城区。起源于元朝的“胡同”，是蒙语“井”的意思。因此，老北京胡同里以井命名的胡同格外多。老北京时，胡同赛牛毛，号称有三千六百多。曾经有如此说法：“如果把胡同都排起来，比长城还长。”

原本胡同是开放的，四合院是封闭的，体现着“开与关”“动与静”的结合。但四合院被大杂院化后，这种意境遭到破坏。

胡同里的故事说不尽……

笔杆胡同
BIGAN HUTONG
陕西巷二条
朱家胡同
ZHUJIA HUTONG
陕西巷头条
教育夹道
JIAOYU JIADAO
不通行
廊坊二条
LANGFANG ERTIAO
取灯胡同
QUDENG HUTONG
夹道居胡同
JIADAOJU HUTONG
小扁担胡同
奋章胡同
东总布胡同
DONGZUONGBU HUTONG
花枝胡同
HUAZHI HUTONG
蒋家大院
JIANGJIA DAYUAN
百顺胡同
BAISHUN HUTONG
黄米胡同
HUANGMI HUTONG
北大吉巷
BEIDAJI XIANG
掌扇胡同
ZHANGSHAN HUTONG
亮果厂胡同
LIANGGUOCHANG HUTONG
保安寺街
BAOANSI JIE
流水东巷
LIUSHUI DONGXIANG
贤孝里
XIANXIAOLI
骑河楼街
QIHELOU JIE
月光胡同
YUEGUANG HUTONG
铁树胡同
TIESHU HUTONG
内务部街
NEIWUBU JIE
后毛家湾
杨梅竹斜街
YANGMEIZHU XIEJIE
羊肉胡同
YANGROU HUTONG
演乐胡同
YANYUE HUTONG
礼士胡同
LISHI HUTONG

东四头条
DONGSI TOUTIAO
东四二条
东四三条
东四四条
DONGSI 4 TIAO
东四五条
DONGSI WUTIAO
东四六条
DONGSI 6 TIAO
东四七条
DONGSI 7 TIAO
东四八条
DONGSI 8 TIAO
东四九条
DONGSI 9 TIAO
东
东四十条
DONGSI SHITIAO
东四十一条
DONGSI SHIYITIAO
东四十二条
DONGSI SHIERTIAO
东四十三条
DONGSI SHISANTIAO
东四十四条
DONGSI SHISITIAO

东四当年是富人区

东四位居皇城之东，明朝时在十字路口的四面各建了一座四柱三楼式的木牌楼，故称东四牌楼，简称东四。1954年东四牌楼被拆除，东四作为地名沿用至今。

东四一带，从东四头条到东四十四条曾是当年有名的富人区。明清时期已形成“东富西贵”的格局，此地曾有著名的“四大恒”金店以及灯市等。

> 东四牌楼（资料图片）

> 精致古朴的老砖雕门楼（东城区东四六条 6 号）

（资料图片）
1 正阳门 2 崇文门
3 宣武门 4 朝阳门
5 安定门 6 德胜门
7 西直门 8 阜成门
9 东直门

1	2
3	4
5	6
7	8
9	

内城九门之功用

北京城分为四城：紫禁城、皇城、内城、外城。老北京把外城到皇城的城门归纳为“内九外七皇城四”。其中，内城九门特别重要：

1.正阳门——俗称前门，是内城正门，唯有皇帝能走。因其位于皇城正前方，故称前门。与之相对的地安门，称为后门。

2.崇文门——俗称税门，因设京师税务衙门，经大运河从南方运抵通州的货物需要在此报关，故名税门。

3.宣武门——俗称刑门，因清代刑场设在此门外菜市口，故名刑门。“崇文”意为崇尚文化，“宣武”意为宣扬武威。此两门以前门为中心，取“左文右武”之意。按阴阳五行说，东方为木，主生；西方为金，主死。为此，进京赶考的举子们走崇文门，死人出殡走宣武门。

4.朝阳门——俗称粮门，明清时，北京的粮食多经京杭大运河从江南运来，入通州后经朝阳门进城，故名粮门。迄今，朝阳门边留有一片皇家粮仓建筑，附近还保留着海运仓、禄米仓等胡同地名。

5.安定门——打仗回城之门：明清时，军队班师回朝，走安定门。

6.德胜门——打仗出城之门：明清时，军队出征打仗，走德胜门。

7.西直门——俗称水门，明清两代宫廷嫌城内水苦，专门饮玉泉山的清泉水，运水车每天从玉泉山进京，西直门是必经之路，故名水门。

8.阜成门——俗称煤门，因京西门头沟一带产煤，北京城内所用之煤，多经阜成门运进城，故名煤门。

9.东直门——俗称木门，该门是内城九门中最简陋的一座门。据说修建北京城时，运送木料的车多从此门进城，故名木门。

内城九门中，现在只剩前门和德胜门。

胡同之最

最古老的胡同

三庙街作为北京的“胡同祖宗”，是学界比较公认的。它可称为没有文字记载的最老的胡同。它始于辽代，迄今已有九百多年历史。三庙街位于今西城区国华商场后面。

最早记载的胡同

砖塔胡同是最早有文字记载的胡同，从元、明、清、民国，直至今天，始终有文献可考，乃北京胡同里的孤例。元曲杂剧《沙门岛张生煮海》中，梅香姑娘的台词中有一句“你去兀那羊市角头砖塔儿胡同总铺门前来寻我”。它位于西四附近。

最多弯儿的胡同

位于北新桥附近的九道湾胡同，是最像八卦阵的胡同，胡同里的弯儿远不止九道，据说有二十多道，其中有死弯、活弯、斜弯、转弯，还有弯连弯。胡同里最宽处有四至五米，最窄处不足一米，现在这个弯弯绕胡同已被分为东、南、西、北、中五巷。

最窄的胡同

钱市胡同是最窄的胡同，两人对面而过，必须侧身让路。胡同全长55米，平均宽度为0.7米，最窄处仅0.4米，街内南北共有九组建筑。胡同尽头是一个大庭院，上有罩棚，四周有铺房，是清代官办的银钱交易市场，也是中国早期金融市场的雏形。钱市胡同临近大栅栏。民国以后钱市无市，胡同两侧的银号利用当时法律的漏洞，无节制扩建商号建筑，侵吞公共通道，最终使钱市胡同成为北京最窄的一条胡同。

最大的砖雕拱门

东城区东棉花胡同15号的砖雕门，是北京目前保存最完好的砖雕建筑。该院原本是三进的四合院格局。这个大砖雕门，原为二门，上刻花卉走兽，顶部有朝天栏杆，栏板上雕“岁寒三友”：松、竹、梅。拱门外两侧雕有多宝阁，阁内雕有暗八仙图案。拱门两侧为民国式拱券窗平房建筑。门内为一四合院，院后还有一进院。此院现为大杂院，居住几十户人家，门上贴有“谢绝参观”字样。

（以下照片摄于 2009 年）

> 最古老的胡同

> 最早记载的胡同

> 最多弯儿的胡同

> 最窄的胡同

> 东棉花胡同 15 号的砖雕门

胡同小景（摄于 2015-2018 年）

四合院门的等级

高等官员大门

广亮大门为高级官员人家使用，在等级上仅次于王府大门。广亮大门一般位于宅院的东南角，门扉设在中柱之间，在檐柱之间、檐枋之下装有雀替、三幅云等饰件，台基较高。门口比较宽大敞亮，占据一间房的位置，可供四个警卫分站两旁把守，以示宅门的等级高贵。皇朝时期，广亮大门只许高官使用。

其特点是：房山有中柱，在中柱上有木制抱框，框内安朱漆大门；门前有半间房的空间，房梁全部暴露在外，因而称“广亮大门”。

中等官员大门

金柱大门是皇朝时中低级官员的宅门，是将门框安在金柱上的大门。金柱大门所说的“金柱”，就是檐柱以内的柱子样式，该大门檐柱上的装饰，整体上显得比广亮大门轻巧。金柱大门只有半开间，门洞约一步进深，规模上比广亮大门小，门洞也比广亮大门窄，但大门的构造、屋顶、雕饰等与广亮大门相同，可供两个警卫站立把守。

如今，在东城和西城的胡同里，间或还能看到广亮大门和金柱大门的院落。

> 广亮大门

> 金柱大门

商户人家大门

蛮子门等级低于广亮大门、金柱大门，门扇槛框采取广亮大门的形式，为富户人家专用。所谓“蛮子”源于老北京歧视南方人，称其为“南蛮子”。蛮子门特点是：门扉位于檐柱之间，门框上有四颗门簪，没有雀替，更没有门前可供警卫把守的廊子。

中产人家大门

如意门等级上低于广亮大门、金柱大门和蛮子门。如意门在前檐柱间砌墙，在墙里留有门洞。如意门有大小之分，大如意门空间与广亮大门相仿，有门洞。小如意门没有门洞，进门就是内院。如意门不受等级限制，可随意装饰。有的砖雕非常漂亮。

普通百姓人家大门

民宅中更多的是墙垣式院门。墙垣式门最普遍、最常见的是小门楼形式，其样式虽然五花八门，但基本造型大同小异，主要由腿子、门楣、屋面、脊饰等部分组成，一般都比较简单朴素，也有为数不多的豪华小门楼，门楣上常爱施以砖雕，虽不气派却十分耐看，显示出房主人的审美趋向。

> 蛮子门

> 如意门

> 柴门

砖雕寓意丰富

四合院建造很讲究砖雕，不论府第还是民宅，装饰砖雕的应用十分普遍，这些砖雕主要集中在门楼、墙面和屋脊之上，颇具观赏价值。精美的砖雕内容包括几何图形、动物、花草、树木等诸多题材。动物有龙、麒麟、狮子、牛、羊、马、猴、鹿、松鼠等；花木有梅、兰、竹、菊“四君子”；还有象征吉祥、长寿、多子多福的松、柏、寿桃、莲花、石榴、葡萄、牡丹、葫芦等；另有牡丹与凤凰组成的“富贵吉祥”、桃和蝙蝠组成的“多福多寿”、松树和仙鹤组成的“松鹤延年”等。四合院的大门是雕刻装饰的重点部位，雕刻内容丰富，题材广泛，大多为福禄寿喜、梅兰竹菊等。

> 各式砖雕，或精致或拙朴，都寄寓美好愿望

四合院的屋顶一般做成阴阳合瓦的屋面和清水脊，屋脊两端高高翘起两个尾，称“朝天笏”，俗称“蝎子尾”。在蝎子尾下方，点缀着以四季花、富贵花、松竹梅为雕饰题材的“花草砖”，取吉祥寓意。

高级宅院会在诸如什锦窗、门廊筒子、窗套等部位饰以精美的砖雕，以显示富贵高雅。戗檐雕刻题材尤其广泛，如鹤鹿同春、子孙万代、麒麟卧松、太师少师、博古炉瓶、鸳鸯荷花、玉棠富贵等。戗檐侧面的砖雕缝头上还常刻有万事如意、太极图等图案。

门当户对由来

门簪有方形、长方形、菱形、六角形、八角形等样式。门簪的图案多雕以四季花卉，四枚的门簪以春兰夏荷、秋菊冬梅多见，两枚的门簪多雕以“吉祥”等字样。

门档指位于门楣上方的圆柱形木雕，一般都是双数。皇朝时，门档规矩极其严格，五至七品官员两个门档，四品以上

> 潘家胡同 35 号的四簪门楼

> 潘家胡同 26 号的两簪门楼

官员四个门档，十二个门档仅限亲王以上的大户才能用，即便皇亲国戚，不封王也不敢建三开门、嵌十二个门档。台阶也有严格规定，六、七品官员台阶不能高于二级，五品官员台阶不能高于三级，以此类推，台阶数目最高不能超过八级。九级代表顶点，所以只有皇上可以享用至尊的“九”。以前仕途上所谓的“进身之阶”，即缘于此处。

在民间，“门当”演变成大宅门前的石鼓，因百姓相信威武的石鼓能避邪，犹如泰山石敢当；置于门楣上的圆柱形木雕倒成了“户对”。短粗的“户对”，表达了百姓对男性生殖器的崇拜，意在祈求人丁兴旺。后来“门当户对”就演变成世俗社会衡量男婚女嫁双方条件的常用语。

门环设置严格

门环位于两扇门中央的门缝两侧，类似于现代的门把手。门环是大门上不可或缺的重要组成部件。

古时对门环的设置有严格要求。《明史》记载：“亲王府四城正门丹漆金钉铜环；公王府大门绿油铜环；百官第中公侯门用金漆兽面锡环；一二品官门绿油兽面锡环；三至五品官门黑油锡环；六至九品官门黑油铁环……”

> 不同的样式，不同的寓意

152
帝澤如春
槐樹森榮宰相家
筆花飛舞將軍第

> 斑驳的门环，历经岁月的沧桑……

门环形式多样，有兽头的，因“兽”与“寿”音同，故兽头配如意纹，有“寿如人意”之寓；兽头加蝙蝠图案，即“福寿如意”之寓。圆环有“圆圆满满”之意，常与铺首配合，构成吉祥图案。如圆环配“福”“寿”图案，寓意“福寿圆满”。两条草龙铺首围着猫头环衔，圆环紧叩蝴蝶铁页组成的图案叫作“祥瑞耄耋”，隐喻“吉祥长寿”。

门墩建造讲究

门墩，又称门座、门台、门鼓、抱鼓石。门墩通常由须弥座、抱鼓、方箱或狮子几部分构成。带小石狮子的，一般为武官家庭；不带小石狮子的（或者小石墩为印章模样），一般为文官家庭。须弥座是门墩的基础，一般刻有莲花形状，上面常有锦铺。抱鼓为竖立的鼓，在鼓面和两侧雕刻各种吉祥纹样，通常有福在眼前（蝠在眼钱）、岁岁平安（穗穗瓶鹤）、福禄寿（蝠鹿兽）、麒麟卧松、犀牛望

> 现代人为了推车和行走方便，把门墩配套的门槛无情锯掉……

> 许多名人从这些门槛走过……

月、蝶入兰山、五世同居（五个狮子）等。

门墩上的雕塑表明主人的身份：趴在鼓上的石狮子代表皇族，坐着的狮子代表上级武官，趴在箱子形雕饰物上的狮子代表上级文官。鼓形门墩代表下级武官。箱子形雕饰门墩图案，有的代表下级文官，有的代表大富豪。

门枕石代表富豪，门枕木代表上层庶民，从门墩大致就能知道主人的身份。门墩上的饰纹和图案也有诸多寓意，可解读为长寿、富贵、祛邪、纳福、夫妇团圆、子孙繁荣、家运昌盛、万事如意、岁岁平安、加官晋爵等。

> 这些老旧门墩，残留在北京东南西北各个胡同里。它们不同的造型、别致的图案，都表明着主人的身份。

影壁保护私隐

影壁又称照壁，建在四合院大门入口处，起遮挡作用，便于保护隐私。院内房间不管是东、南、西、北，房门均朝向院内，院外只有窗户和墙壁。出行必须通过大门，大门开后，有一影壁挡在其间，阻断了门外的视线。

影壁出现于何时尚无明确的考证。据考古发现，影壁在我国西周时期便已经存在。影壁既能挡影，还能挡住外面大风向院内直灌。四合院本身的结构组成就有一种私密性、防御性的理念包含在内。从风水学角度来讲，认为影壁能够升聚院内人气，阻挡院外的鬼邪之气。古人认为鬼怪的邪气是直来直去的，所以院门设置影壁可以挡住它们的伤害。

四合院常见的三种影壁：一、位于大门内侧，影壁迎面正对着大门，左右是屏门，呈“一”字形，叫作一字影壁。一字影壁有独立于厢房山墙或隔墙之间的，称为独立影壁。二、如果在厢房的山墙上直接砌出小墙帽并做出影壁形状，使影壁与山墙连为一体，则称为座山影壁。三、位于大门东西两侧，平面呈八字形，称作反八字影壁或撇山影壁。门外影壁只有王府大门和等级高的广亮大门外才有。反八字影壁要求大门向里退进二至四米，在门前形成小空间，作为进出大门的缓冲之地。在反八字影壁的烘托陪衬下，宅门显得更加深邃、开阔、富丽。

影壁在建造上有一定之规：一字影壁，较多建在官宅或富商门前。雁翅影壁多建在衙门、府第、豪宅里。影壁，绝大部分为砖料砌成。影壁分为上、中、下三部分，下为基座，中间为影壁中心，影壁上部为墙帽，仿佛一间房的屋顶和檐头。大门前备一块空地，用以安放上马石和下马石之用。影壁与大门有互相陪衬和烘托的关系，二者密不可分。影壁虽仅是一座墙壁，但由于设计巧妙、施工精细，在四合院入口处起着烘云托月、画龙点睛的作用。

（以下照片摄于 2009 年）

> 一字影壁

> 座山影壁

> 门外影壁

胡同里的叫卖

北京叫卖别具一格，小贩吆喝起来，那是有板有眼，有腔有调，犹如一出出有节拍的歌谣。更大的妙处在于它的季节性，叫卖声会让你豁然开朗：哦，又一个新季节已经来临！

因北京胡同多与大街相隔，长长的胡同里买东西不方便，所以小商小贩常常把一些吃食、物件以及修配工具等日常生活中不可缺的东西推进胡同里叫卖推销。

胡同常可听到的叫卖声有：

“喂小金鱼儿来哟——”

“磨剪子来——锵菜刀”

“零卖布头儿哦”

“小枣儿的豌豆黄儿来，大块儿的唉”

“扒糕哇，筋刀酸辣呀——”

“酱豆腐，臭豆腐”

“豆腐脑儿热耶”

“卤煮喂，炸豆腐”

“酸甜的豆汁儿来——麻豆腐”

“葫芦儿——冰糖的唉”

“送财神爷来啦——请喽”

（以下照片摄于2009年）

胡同叫卖 多姿多彩

胡同生意 五花八门

胡同新貌（摄于 2015-2018 年）

京

365INN
安怡之家宾
LONG TABL
青竹巷
Qingzhu Xiang
Tiger
Heineken

華京

LONG TABL
Restaurant•Bar

老屋顶一岁一枯荣

（摄于 2009 年）

> 春风夏雨，又送芳草绿

> 寒来暑往，青瓦衰草黄

（摄于 2019 年）

老瓦顶一凹一凸的铺摆，使两瓦之间留下空隙。春风一吹，土刮进了瓦；夏雨一下，水流进了瓦；秋风狂作，野草籽也飞将进去。于是，野草在那里安家，每年定时演出“一岁一枯荣”。但是新屋顶所用之瓦已没有一凸一凹的设计，所以随着老屋的拆除、新瓦的置换，这一盛景几乎绝迹了。

老北京儿谣

1. 小年腊月二十三，灶王爷上天糖倌粘；腊月二十四，轻度需吃素；腊月二十五，吃鱼为大补；腊月二十六，备年炖大肉；腊月二十七，快刀宰公鸡；腊月二十八，馒头白面发；腊月二十九，顺心多吃藕；腊月三十过大年，大盘饺子庆团圆。

2. 小小子儿，坐门墩儿，哭着喊着要媳妇儿，要媳妇儿干吗呀？点灯，说话儿，吹灯，做伴儿，明天早晨给你梳小辫儿。

3. 盖洋楼，卖窝头，我哥有钱盖洋楼，盖在前门五牌楼，楼上挂着金字匾，上写专卖窝窝头！

4. 银泽门，拉大弓，过去就是朝天宫。朝天宫写大字，过去就是白塔寺。白塔寺挂红袍，过去就是马石桥。马石桥跳三跳，过去就是帝王庙。帝王庙摇葫芦，过去就是四牌楼。四牌楼东，四牌楼西，四牌楼底下卖估衣；四牌楼西，四牌楼东，四牌楼底下卖花生；四牌楼南，四牌楼北，四牌楼底下卖凉水；四牌楼北，四牌楼南，四牌楼底下卖大盐。

> 旧门槛迎新对联，小花朵唱老歌谣

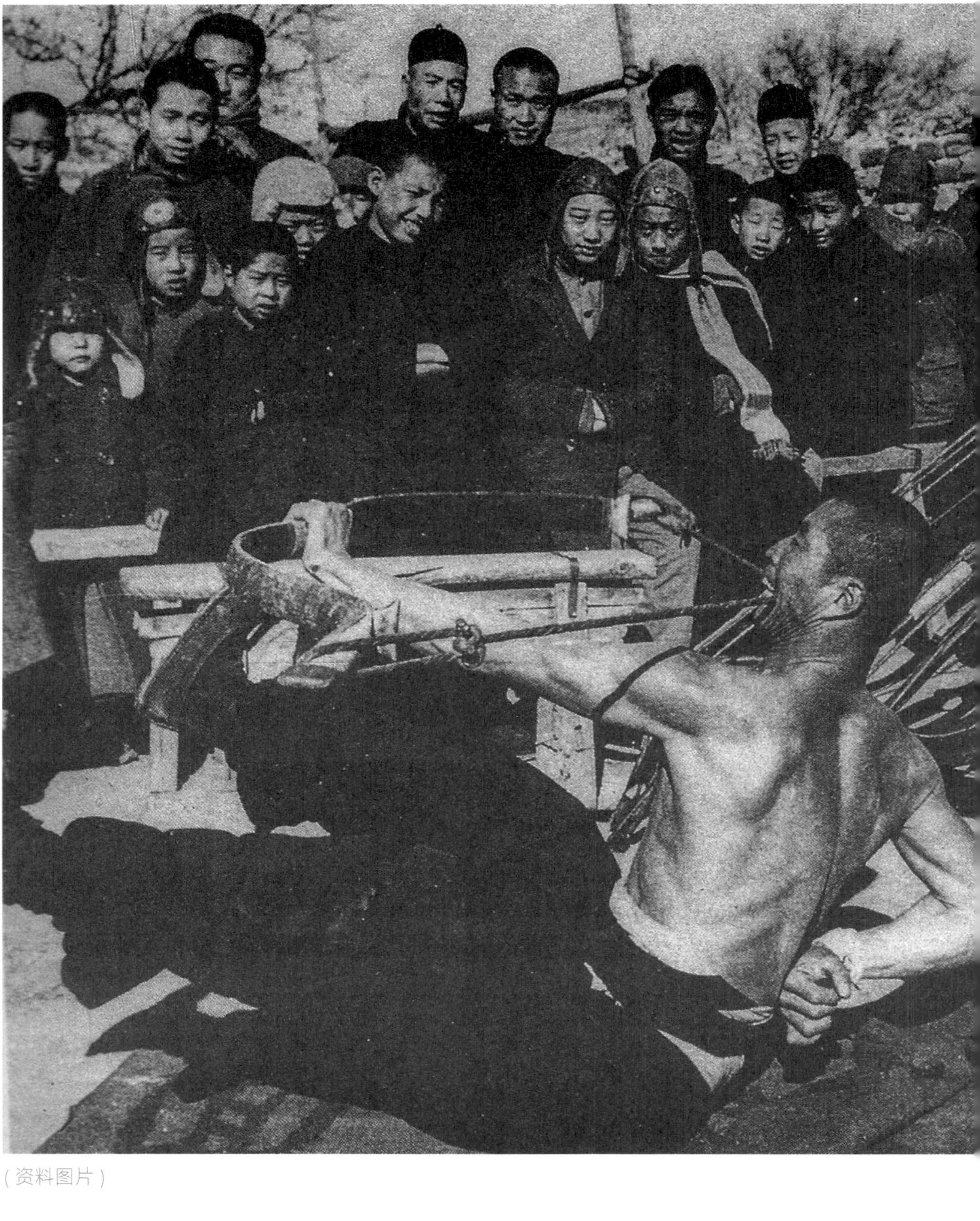

（资料图片）

老北京图片

天桥上看耍把式

左图中间戴皮帽和围巾的围观少年，是我父亲马占民。1942年，日军在华北大扫荡后，十岁的父亲随家人离开家乡来到北京做生意。卖香烟赚钱后，父亲得到了那顶皮帽和围巾。父亲曾戴着皮帽和弟弟在照相馆拍下人生第一张照片。那时，他经常去老天桥看耍把式，不觉中被摄入镜头，当时12岁左右（此照片意外发现于《老天桥》画册）。

四合院别有洞天

四合院是北京传统民居，辽代时已初具规模，经800多年的逐渐完善，最终成为北京最具特点的民居形式。所谓“四合”的“四”，指东、西、南、北四个方向，“合”即四面房屋围在一起，形成“口”字。

正规四合院处于东西向的胡同里，坐北朝南，一般是油漆大门（现在都给涂成大红了），大门辟于宅院东南角“巽”位。开门后第一眼看到的是影壁，借以挡住外面视线，也予人曲径通幽之感，进了大门还有垂花门。位于

> 史家胡同四合院

> 涂成红色的大门

四个方向的房子四周以高墙形成四合。四合院大体分布为大门、第一进院、大堂、第二进院、书屋、住宅等，两侧有厢房，各房有走廊，隔扇门相连接。中间是庭院，院落宽敞，庭院中植树栽花，饲养金鱼，也是家人穿行、采光、通风、纳凉、休息、劳动的场所。四合院虽为民居，却蕴含深刻的文化内涵，营建颇重视风水。庭院盆栽最常见的有石榴树、夹竹桃、金桂、银桂、杜鹃、栀子等。而阶前花圃中的草茉莉、凤仙花、牵牛花、扁豆花，更是四合院的家常植物。

> 四合院的过廊

东城区内务部街十一号四合院
The quadrangle at No. 11 Neiwubu Street
in Dongcheng District
This was the mansion of Duke Mingrui in the Qing Dynasty.
The quadrangle was purchased by Yue Qianzhai, president of Salt
Industry Bank, in the Republican Period. It consists of a southern
residential quarter and a northern garden.
北京市文物保护单位
东城区内务部街十一号
四合院
北京市人民政府一九八四年五月二十四日公布
北京市文物事业管理局一九八四年九月立

四合院

四合院的装修、雕饰、彩绘，处处体现着民俗民风和传统文化，如以蝙蝠、寿字组成的图案，寓意“福寿双全”；以花瓶内安插月季花的图案寓意“四季平安”；还有“子孙万代” “岁寒三友”“玉棠富贵”“福禄寿喜”等。

四合院多坐北朝南，这与北京的气候有关，坐北朝南，便于采光取暖，所以很多胡同是东西走向。

四合院内宅居住分配非常严格，老幼、尊卑、上下，被井然有序安排。北房为正，东西为厢，南面为倒座。位置优越的正房，给老一辈的老爷、太太居住。北房三间仅中间一间向外开门，称为堂屋。两侧两间仅向堂屋开门，形成套间，成为一明两暗的格局。堂屋是家人起居、招待亲戚或年节时设供祭祖的地方，两侧多做卧室。东西两侧的卧室也有尊卑之分，在一夫多妻制度下，东侧为尊，由正室居住，西侧为卑，由偏房居住。西耳房——可单开门，也可与正房相通，一般用作卧室或书房。东西厢房则由晚辈居住，厢房也是一明两暗，正中一间为起居室，两侧为卧室。也可将偏南侧一间分割出来用作厨房或餐厅。

中型以上的四合院还常建有后罩房或后罩楼，主要供未出阁的女子或女佣住。

旧京殷实人家

> 老北京殷实人家的象征："天棚鱼缸石榴树，先生肥狗胖丫头。"

垂花门是四合院内最华丽的装饰门，垂花门漆得十分漂亮。作用是分隔里外院，门外是客厅、门房、车房、马号等“外宅”。垂花门，外宅与内宅的分界线，外人不能随便进，小姐“大门不出，二门不迈”，就是不出垂花门。

> 大门装饰

> 垂花门头

> 大门环

> 门墩

> 回廊

> 宝瓶门

中华门

中华门位于皇城天安门南、正阳门北的中轴线上，是明清两代皇城正门天安门的外门，又称“皇城第一门”。中华门始建于明永乐年间，明朝时叫“大明门”，民国时叫“中华门”。1954年扩建天安门广场时被拆除。在天安门—中华门的中间御路上，左右两侧各有廊房110间，俗称“千步廊”。1976年在中华门遗址上建起了毛主席纪念堂。

> 俯瞰中华门 千步廊 天安门（资料图片）

> 清朝末年的大清门（资料图片）

北京北平变来变去

北京有3000多年建城史和800多年建都史，曾为辽、金、元、明、清五个朝代的帝都。北京辽时称燕京，金时称中都，元时称大都，明清称京师（也通称北京）。

1912年元旦，中华民国定首都于南京。其后袁世凯接替孙中山出任临时大总统。袁世凯为保全他在北方的势力，坚持定都北京，临时参议院最后不得不同意迁都到北京。民国三年，中华民国改顺天府为京兆地方，直辖于北洋政府。此后一直到1928年北洋政府结束，中华民国首都均为北京。

1928年，国民政府北伐后再次定都南京，北京改为北平。1930年6月，北平

>1949 年 1 月和平解放前的天安门（资料图片）

被降为河北省省辖市，同年12月升为院辖市。1937年“七·七事变”后，北平被日本占领，成立“中华民国临时政府”，北平又改为北京。1945年8月21日，孙连仲部收复北京，北京重新更名为北平。抗日战争结束后，国民政府要从陪都重庆班师回都，但到底回哪儿，是南京还是北平，曾经引起激烈争论。在同年11月15日召开的制宪国民大会中，草案原定为迁回南京，但审查会及第一议会决定改为北平，后经蒋中正出面说明，主张国都地点不必定于宪法，才将第一议会通过的“国都定于北平”予以删除。1946年5月5日国民政府发布“还都令”，宣布5月5日“凯旋南京”。

1949年1月31日，解放军从国民党手中和平解放北平。新中国建立后改名北京。

>2008 年的天安门

残存的王府

清代，北京王府大都集中在内城。据史书记载，乾隆年间京城有王府30座，其中包括19座亲王府、11座郡王府。嘉庆年间有王府42座。到了清末，北京的王府大约有50余座。

据报道，北京现尚存府邸22座，若去掉一座公主府、两座贝勒府，共有王府19座。其中亲王府15座，郡王府4座。保存比较完好的有8座，即恭亲王府、醇亲王府、老醇亲王府、孚郡王府、雍亲王府、礼亲王府、庆亲王府、淳亲王府。这些王府大都有比较完整的府墙及府门、正殿、配殿等主要建筑，昔日王府的面貌基本上保留下来。尚能看出点儿王府样子的有7座，即克勤郡王府、宁郡王府、惠亲王府、郑亲王府、和亲王府、敬谨亲王府、循郡王府。这些王府或存府门，或存正殿，或残存一些其他建筑，但已经很不完整。残存的王府有4座，即仪亲王府、定亲王府、恒亲王府、老睿亲王府。这些王府已经面目全非，只剩下残垣断壁或几间旧房了。

醇亲王府位于后海北岸，府邸分为正院、住院、花园及马圈四部分。康熙年间，明珠的府邸花园就坐落于此。后来明珠获罪，嘉庆帝把花园和附近的府邸赐予成亲王。光绪年间，又赐给了光绪的生父醇亲王。解放后，国家名誉主席宋庆龄在这里生活了18年。克勤郡王府位于西城区新文化街(原石驸马大街)西口路北。克

勤郡王为清初“八大铁帽子王”之一。此府顺治年间建，现为北京第二实验小学校舍。位于南池子路的普度寺曾经是老睿亲王府。睿亲王即清初摄政王多尔衮，是清初开国“八大铁帽子王”之一。1776年，乾隆皇帝将该寺赐名为普度寺。

> 孚王府

孚王府位于朝阳门北小街，因门口有一对特大号石狮子而享誉京城。孚王府的建筑规模很大，主体建筑虽然破旧且被多家单位占用，但至今保存较好。王府院内除了办公单位外，还有一些民宅。民国时，这里曾是北平大学女子文理学院校舍。

> 恭王府已是旅游景点

恭王府始建于乾隆四十一年(1777年)，最初是乾隆宠臣大学士和珅的私宅。和珅获罪后，第宅入官，嘉庆将其一部分赐其弟永璘，即庆王府。后来咸丰帝收回此宅又转赐另一弟奕訢，即为恭王府。恭王府占地面积约6万平方米，现存古建房屋建筑约12000平方米，曾为清皇族专用的古建园林，现已开放为旅游景点，位于西城区柳荫街甲14号。

僧王府

僧王府，亦名僧格林沁府。僧格林沁是蒙古贵族出身的清军大将，也是道光皇帝姐姐的过继儿子，历任御前大臣、都统等职。僧格林沁是清末著名将领，战功卓著。1865年5月，僧格林沁被山东捻军杀死在麦田，终年55岁。

僧格林沁死后，该府由其子孙继承。其孙阿穆尔灵圭，曾出任中华民国第一届国会议员。僧家败落后，生活难以为继，其孙被控“未赡养好家人”，只得将王府分散拍卖。

僧王府位于板厂胡同30号、32号、34号院。原僧王府大门在炒豆胡同，几乎占了炒豆胡同一条街。现在挂牌的僧王府宅院，只是原王府的一小部分。原府正门外有大影壁、上马石，院内垂花门、上房院、后罩房等均有抄手游廊相通，还有爬山廊、亭台等。

> 僧王府长廊（摄于 2009 年）

慈禧弟弟的府宅

桂公府曾是慈禧太后弟弟桂祥桂王爷的府邸，后因府里出了两代皇后，便有了“凤凰窝”的美称。桂公府位于东城区朝阳门内芳嘉园11号，是北京现存的唯一皇后宅邸。这个府邸一门出了两国丈（指惠征、桂祥父子，分别为咸丰、光绪皇帝的丈人）。走进桂公府，您会有种豁然开朗的感觉，三进院落仍保留着清式的建筑风格，红砖绿瓦，青石地面，还有两株百年老树，一株是紫藤，一株是海棠，至今仍郁郁葱葱，印证着院落悠久的历史。修缮后，现为一家大型食府。

> 朝阳门内芳嘉园 11 号

胡同里有“府”，有“宅”，也有“第”。“府”仅限于王爷、贝勒、贝子公主皇亲人物使用，“宅”和“第”是民间住宅。官员的“宅”“第”与王公贵族的“府”区分在于：虽门庑深广，但只能有一间（王府是三间或五间门）。门前不能像“府”那样立狮子，门墩上也不能设狮子，否则会招来杀身之祸。屋顶使用清水脊或箍头脊，不能使用脊兽，琉璃瓦只能用灰瓦。

王府大都集中在内城，外城不建王府。清统治后，汉人被驱出内城，只能到外城建屋，满人占据了内城。内城的中心是紫禁城，皇宫屋顶的黄琉璃瓦一片金灿灿，王府的绿琉璃瓦点缀于四周，百姓的灰瓦一层层散布开去，所有的建筑向皇宫凝聚。从布局上看，整个北京城清晰地反映了皇宫、王府、民居的放射性层圈结构，天子至高无上的气氛被浓重托出。

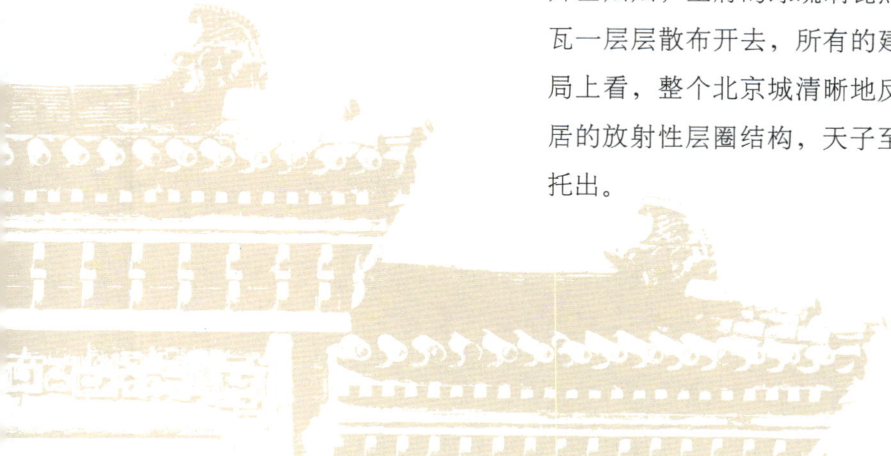

p a r t 2

第二部分

胡同味道

凄凉的屋顶，陈列着胡同的世态炎凉

凸凹的台阶，展示着胡同的起伏跌宕

大杂院特色

四合院变成大杂院后，院子都被各户人家占领，窄窄的过道左拐右拐，一间间自盖的小屋挤满院落。从大杂院的门洞开始，到处堆放着旧家具、蜂窝煤、自行车、破纸箱子等杂物，过往人一不留神就会绊一跟头，四合院原本的味道已荡然无存。然而四合院即使变成大杂院，但只要胡同还在，所谓的“胡同风俗”就能继续——也只能这样聊以自慰了。

要说大杂院特色的话，那些住过大杂院的人描述：邻里关系特别亲密，因为想不亲密也不成，出来进去的，大家伙儿一天不定见多少回呢！就算进了各家的屋，那老式的平房也不隔音，家与家之间，好的隔层玻璃，差的只隔着一层窗户纸，哪家有点儿响动，别说两口子间的事，说难听点连打嗝放屁都听得清清楚楚。另外，哪家来个客人，每天吃的什么饭，无论什么都瞒不了邻居。说更难听的吧，大家都去胡同里的公共厕所，也就是这些年厕所里才修起了一个个带门的小隔断，过去厕所里没遮没挡，小点的厕所一溜蹲坑，大点的呢，两溜，人们面对面地蹲着拉屎，互相把裤裆里那点“最保密的东西”都看得清清楚楚。所以胡同风俗的头一个特点，就是不讲个人隐私。谁多大岁数，有点儿什么毛病癖好，挣多少钱，日子过得怎么样，根本瞒不住人。谁也没忌讳，张口就问，随便就聊。谁要想瞒着什么反倒要招人非议：“背人没好事，好事不背人。”

胡同风俗温情的一面是邻里之间的相互照应。住了几十年的老街坊，从小就一起玩的发小儿，那股子情谊真是超过一般的亲戚。在物质匮乏时期，邻里之间我帮你买二斤西红柿，你给我捎捆大葱，那是每天的平常事。谁一听说商店里来了豆腐、带鱼、排骨等紧俏货，都忘不了赶紧招呼邻居一声。谁排着队都会让邻居来夹个塞儿，惹得后边排队的人老大不高兴。还有互相帮着看个门，收个信，照应一下孩子。每日里大人见面聊天，小孩结伴玩耍，尤其是到了夏天，家家开着门通风，小孩子随便就走东家串西家。各家的晚饭也大多摆在院子里吃，张家大哥和李家老弟的后脊梁几乎都能顶上。边吃边招呼：“张大爷，今儿又是炸酱面呀？这儿有鲜货，香椿！您尝尝！”这些都是大杂院里特有的温馨场面，成了人们难忘的记忆。

（摄于2015-2018年）

老胡同孩子回忆如厕往事

A说，胡同的孩子从小和别人一起拉屎，所以关系特别亲密。

B说，小时候那种一低头就能看见下面两三米粪坑的厕所现在没有了，现在那种瓷坑的干净公厕，已经是伪胡同厕所了。

C说，我就喜欢上茅坑时蹲那儿数蛆玩儿，哈哈……

D说，关于胡同的厕所，笑话多了去了。我们中学同学有年夏天吃多了利尿的西瓜，半夜醒来去厕所，赶上厕所灯泡儿坏了，黑咕隆咚的，同学迷迷瞪瞪地一进去看到地下一个烟头儿还亮着，冲着那烟头儿就哗哗地招呼上了，冷不丁就听见有人骂上了："嘿，孙子，你丫瞎啊，这还有他妈的人呢。"

E说，冬天刷完厕所水没干就冻冰了，要是没撒炉灰就蹲上去，脚稍往外用劲没准儿就坐进去了，那叫一如履薄冰。

F说，小时候上厕所拿着手纸晃荡着就去了，在厕所摔过，以至于现在还会做掉茅坑儿的梦。

G说，大杂院里就一个水管子，接水、洗衣服、洗菜。水池下面还有大耗子，大人就拿火筷子夹住，然后喊：快拿开水！邻居就接力地拿自家的水壶用开水把耗子烫死，冬季水池就结很厚的冰坨子。

H说，大夏天的，洗完澡（小时候基本上都用大盆洗，边上放一小马扎儿）当街铺个破凉席，路灯下面打扑克儿，吃冰核儿。任凭汽车在马路上奔驰而过，舒坦！

I说，最大特点，不认生，跟谁都自来熟，对老人特别尊敬，谁小时候都有爸妈没在家托付给邻居爷爷奶奶看着的时候。

J说，拿着冰核儿往树上磕。爬树、上房、帮奶奶往院里运冬储大白菜，往外倒脏土。好像印象中还用过搓板儿洗衣服，盯着大人往玻璃瓶里装西红柿……

K说，还有跳皮筋儿和藏猫猫，另外就是吃饭时，端着炸酱面、黄瓜，就跑当街吃来了！

L说，甭管多浑的人，和长辈打招呼都特有礼貌。

M说，在沙土堆里找胶泥、埋陷阱、挖桥、玩叫号、跳房子、走难关、红绿灯、三个字、鸭子过河……一大群孩子能让一个胡同热闹不少，胡同里长大的人有人情味，坏的是真坏，仗义的是真仗义。

> 喇叭花年年开了又谢，胡同里的孩子们大了，童车也旧了

“煤改电”之前住胡同的弊端

第一个弊端：没有统一供暖的暖气，到了冬天各家烧煤球或蜂窝煤取暖，需要安上烟筒风斗防煤气，弄不好便会中毒死人。所以冬天胡同里随处可见提醒居民的标语——“注意室内通风，防止煤气中毒。”但每年冬天总有让煤气熏死的。

第二个弊端：四合院里没厕所，所以不得不上胡同里的公共厕所。早先的胡同厕所因为不通下水道，所以需要大粪车定期来淘屎尿，不然就溢出来，流到胡同路上。大家白天上胡同里的公共厕所，夜里就使用家里的尿盆，所以每天早上要去厕所和下水道“倒夜壶”，为此已故作家王小波写胡同里冬天常见的景象时，生动地描述道：“下水道的铁箅子上冻着半截屎橛子，一直能冻到开春。”

第三个弊端：一个院子里通常只有一个水管子和一个水池子。冬天水管子一旦冻上，哪家都甭想用上水，所以人们都要贡献点热水浇那冻住的水管子，

（以下照片摄于 2004 年）

> 过去，煤气中毒是胡同人的大敌，为加强通风，许多人家装上烟囱

> 胡同女孩儿在点炉子生火

> 大杂院门口堆放的蜂窝煤

> 送煤工专为胡同居民送煤

要么就用厚布把水管子缠上。水池子的下水道堵了也是整个院子的麻烦。反正每天哪家用点水，刷牙洗脸，都要往院子里跑，真是不方便。

第四个弊端：四合院的保暖性极差。北房西房还好点，东房夏天西晒，南房冬天阴冷。不管东南西北房，其实到了冬天都够呛，门一开就是“外边”，冷风呼呼地往家里灌。可洗个菜、接个水、倒个水、上趟厕所都得出门！还有，这些平房都太老了，随便哪间都在百年以上。每年夏天，雷阵雨一来，住四合院的就要揪心，漏雨还算小事，有的危房一阵大风大雨就能塌了。

胡同垃圾处理

走进胡同，看见裸露的垃圾桶，不由得会让人联想到许多：胡同居民的生活水准、卫生习惯、公德意识，等等。可以说，一个垃圾桶，也是一面镜子。也许在外地人或外国人面前，最能代表北京人的就是胡同人。胡同里的垃圾桶，可能让一些想住进胡

> 胡同里的垃圾处理“与时俱进”

（摄于 2015-2018 年）

同的外来人却步。好在随着胡同居住环境的改善，垃圾桶的面貌也在改善。

胡同环卫工人现在大多数为外地人。北京本地人不愿干这种又脏又累的活儿，宁愿下岗在家，也不愿如此就业！有的垃圾处理工，已是六十多岁的老人了。

电线杆成胡同记忆

> 这是我父亲上世纪四十年代在北京居住过的大杂院入口（葱店前街胡同），当时他们就靠这根电线杆用电。

北京的电线杆，最早架设于清朝末期。日本占领时期，电线杆普及到胡同。胡同里的电线杆由木制逐渐演化为水泥制。这四根电线杆，2010年11月28日摄于崇文区葱店西街胡同。这一带的胡同，原本计划于2007年底全部推倒，由香港新世界集团兴建大规模住宅区，但因故停止，使得这种日本占领时期架设的电线杆保留至今。

1 | 2 | 3

1 老式电线杆斑驳暗淡，仍给胡同送来光明。
2 新胡同里，电线杆一字排开。
3 前门附近廊坊二条的电线杆，仿佛从墙上长出。

烟酒超市

抬头巷

胡同里自成一派的混搭

胡同大杂院一族被描述为：

烦着、熬着、骂着、忍着，同时又快乐着的人们。

胡同里的混搭自成一派：

我的地盘我做主，大俗大雅接地气。

> 被子攀上了高枝

> 猪肉和衣裤一根绳上晒太阳

论“光膀子”

鲁迅曾经写过一篇杂文，题为《论“他妈的”》。鲁迅依照中国人把牡丹称作“国花”之习，于文中把中国四处可闻的“他妈的”，谑称为“国骂”。

每至夏季，特别是遇到几十年不见的酷暑，胡同大街以及一些公共场所到处可见不同年龄的男子上身赤裸着散热，这“光膀子”竟构成了北京夏日一道时尚风景。为此，不妨学学鲁迅，依照中国人把功夫称作“国技”之习，于文中把这种四处可见的“光膀子”，试称为“国丑”。

中国夏季“光膀子”的历史已有多久，我无从考究。我只知道，老北京时，市井男人们就有这一爱好，以前的老画片和老相片上均有这样的写实记录：老少爷们儿毫无顾忌地光着膀子在紫红色的皇城根下或干苦力或玩棋牌，凉快自在得很！

当然，夏天光膀子不仅北京有，中国许多地方，世界上恐怕也有一些国家有。别的地方有没有我不想说三道四，但北京的“膀爷”在21世纪的阳光下仍如此普及化，却禁不住引得我要动笔。学生们在社会上看到许多叔叔爷爷总赤裸着上身，穿个大短裤，脚踩拖鞋，在街上悠闲地遛弯儿，或三五成群在树下乘凉、下棋、聊天，或是在街边的大排档前吆喝着喝酒，还夹杂着一些不中听的脏话，他们都忍不住给《北京晚报》写信呼吁，别让“膀爷”毁了北京形象。

（摄于 2004 年）

> 空调挂好了，率性的胡同“膀爷”会越来越少吧！

胡同侦缉队

当年，有一段时间“以阶级斗争为纲”，实行全民皆兵国策，其中尤以首都北京为极致，连胡同里没有职业、没有文化的缠足女人也纷纷被动员出来义务维护治安。这些女人臂戴红袖标，满眼疑狐光，迈着小碎步，盯跟穿越胡同的各类陌生人。因此她们被送予一个响亮的雅号——“小脚侦缉队”。

随着岁月逝去，那些缠过足的“小脚”女人渐渐消失，但“大脚”女人接班而上，她们和一些退休老爷子组成胡同新力军，臂戴红袖标，活跃于胡同守卫中。

> 胡同侦缉队：看似漫不经心，实则火眼金睛

> 老侦缉队员：胡同大爷戴红袖章，守护一方安宁

那句有名的话，其实对她们来说最准确："大事发生的时候，我在。"奥运会举行的时候，她们在；每次国庆大典之际，她们在；每年全国人大、政协"两会"召开的时候，她们在……北京每有大事发生，她们几乎无所不在。

别看她们在胡同里执勤时不是坐着就是站着聊天，一副不尽职的懒散样子，好像没有了当年"小脚"们的高度警惕性。不过，可别小瞧了她们，你以为她们漫不经心呀，她们的眼睛"贼"着呢，不少作案者就因没逃过她们的眼皮子而栽了。

北京“爷文化”

甭管年纪大小，只要是这京城人，都有股子“爷”的自我陶醉和自我傲慢。这陶醉和傲慢来自哪儿？告诉您，来自数百年前的“天子”飞来落脚。与皇上同呼一隅空气，伴着皇城根儿长大，“天子脚下高人一等”的“爷”气，便自然而然地生就了。

“爷”本是一种尊称，可不拘年龄予以加冠，诸如老爷、大爷、少爷。难考从何开始，这“爷”渐渐平民化到了所有京城人的头上，甚至连拾破烂儿的老头也能被人来一声：“老爷子，干什么哪？”

北京的爷那可多了去了，都臭了街了。比如，人们口头上常用的，就有“倒爷”（做买卖的小贩）、“侃爷”（能说会道的人）、“板儿爷”（三轮车夫）等。

北京的“爷文化”并非只男人特有，女人也一样严重。“爷”虽仅指男人，但“爷文化”已是中性的泛指。

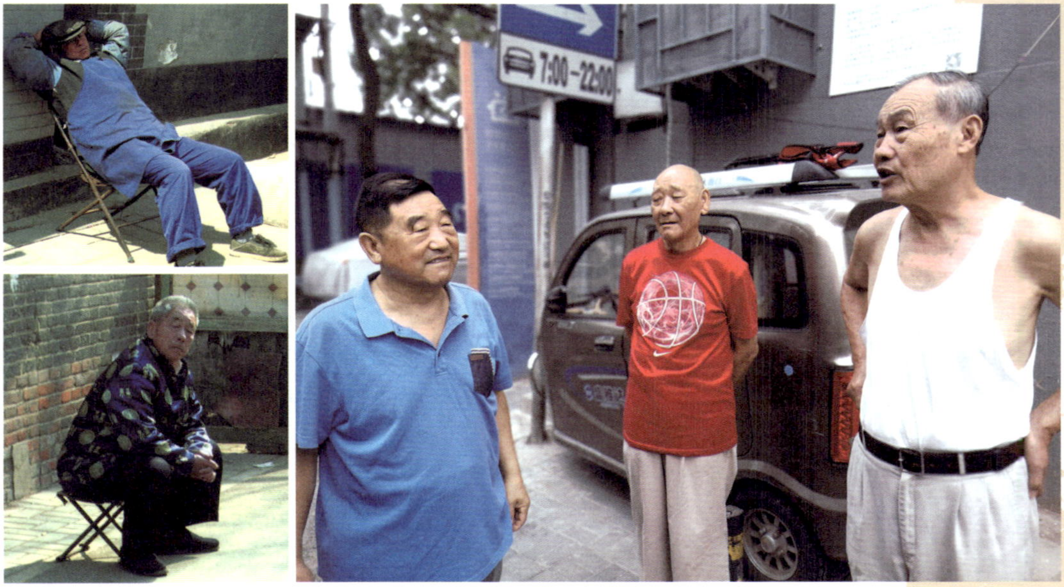

> 布衣有布衣的逍遥，阔衫有阔衫的自在

说“爷”为北京的一种“文化”，实不是贬损或抬举，完全系因北京人放不下心中那傍着皇城滋生的“爷”架子所致。“爷文化”的特点是：说得多，做得少；大事做不来，小事不愿做；爱面子，摆架子；只愿被服务，不愿服务人。

不少北京人懒得弯腰去拾外地人形容的遍地金子，即便再穷困、再寒酸，也不愿干粗活儿累活儿，冷眼孤傲地当“北京大爷”，为的是保持“你是孙子我是爷”的不可一世之尊。

结果，人家外地人来京发了大财，买了房，置了车，不少年轻力壮的北京人还与父母挤在破败的大杂院里，连经济适用房都买不起，正应了那句老话：“死要面子活受罪。”

北京爷们儿，您还准备继续“爷”下去吗？

> 我问老爷子，能否给他拍张照片，他点点头，继续悠然地抽他的长烟

胡同人休闲：下棋、打牌、玩麻将

阳光下扎堆：玩耍、围观、各得乐

胡同串子

过去，“胡同串子”可不是好词儿，这是个地道的老北京话，原意指的是乱窜的嫖客。所谓胡同串子，是指那些游手好闲的人，一早起来先奔茶馆，到了中午出茶馆进饭馆，下午出饭馆进澡堂子，到了晚上出了澡堂子逛窑子。所以，老北京人把他们称为“胡同串子”。

后来，“胡同串子”的意思就变了，变成正经人在胡同里走来走去了。

网上出现过一帖子，名为“我曾经是个胡同串子”。不成想，一帖激起千层浪，各类大小“胡同串子”纷纷登场，感叹自己的串子生涯，更唏嘘胡同的消失。

A说，我曾是胡同串子。串行于东四、天坛和德胜门的胡同里。东四是我姥姥家，天坛是我奶奶家，德胜门是我自己个儿家。小时候在东四长大，东四活动的半径以东四三条为圆心，西边儿到钱粮、美术馆，东边儿到小街，北边儿到五条，南边儿到报房胡同。小时候也住奶奶家，活动半径以东侧路为中心，西到永定门，东到中国棋院（后来才有），北到天坛东门，南不过南护城河。后来回了自己家，德胜门，一直折腾到现在。以德胜门城门楼子为中心，北到黄寺儿、马甸，东到安定门、地坛，西到新街口、积水潭，南到钟楼、鼓楼、地安门、后海、景山、德内大街，都有我的身影。可现在，

我想串胡同都快没得串了。后海都成了酒吧了，那已经不是北京人待的地界儿了。不论四合院儿、大杂院，反正都拆了。老北京人都被给点儿钱骗到郊区去了，什么回龙观、西三旗、立水桥、天通苑。哪儿还有什么胡同可串，老人搬过去得早死两年，见天儿连个下棋的人都没有，年轻人搬过去得天天跑，发小儿都搬得四面八方，情谊又还在，只能且等着折腾了。总而言之，北京的灵魂是胡同，如果大家热爱北京，就不能再眼瞅着胡同接茬儿这么拆下去了，得做点儿什么了。试想一下，外国人来北京，是为了看和他们国家一样的高楼大厦，还是为了看看心目中的东方古国首都的神韵?

这帖子引起诸多共鸣：

B说，我在后库、厂桥、西四北、西安门、德外串了16年呢，是应该为胡同做点什么哟。

C说，以前在胡同住的时候，一到晚上，街坊们都到大街上或就在胡同里吃晚饭，摆上个小方桌，坐个老爷子，一手拿蒲扇，一手拿酒盅，桌上放盘花生米，再放个话匣子，放着京剧，老爷子一口酒一口菜地吃着听着，旁边的孩子在一如既往地追跑，其他的邻居聊着家常，乘着凉。

唉，没啦，这种景儿再也找不回来啦，我们的吉市口四条早就被拆没了，我们也早就被轰到了四环外，虽说也住了十几年了，可我还是觉得吉市口四条好，觉得胡同才是我真正的家。因为那里有我所有的童年回忆。

D说，顶楼上的，我在胡同串了24年了，前两年被拆迁了。主要流窜踪迹：翟家口胡同附近、东西打磨厂、东西兴隆街、远望街、风箱胡同、巾帽胡同、大桥胡同、细米胡同、豆谷胡同、喜悦胡同、草场头条至十条、金丝胡同、银丝胡同、珊瑚胡同，等等，现在好多都拆了。

E说，我从小在西直门内长大的。我真的喜欢我自己的家。谁愿意自己的家被挖了呢？说实话吧，房子被拆的时候，我有种想哭和死的冲动。

F说，现在的人这是怎么了，胡同是我们中国传统文化的象征，是老北京人的根啊！怎么可以说拆就拆呢！顺应时代发展这也可以，保护老城区，发展外围不就成了吗？干吗要拆胡同啊！也许在很多年以后，我们的孩子会指着在电影中出现的胡同问爸爸：“这就是传说中的胡同吗？”

G说，我也曾经是个胡同串子，串行于瓷器口、西直门大大小小的胡同里。不过我到现在还没能弄清东南西北。就大概说吧。西直门是我姥姥姥爷家，具体位置在西直门内大街中的王子胡同2号，不过那是曾用名，后来改名叫桦皮厂二巷，现在早已经找不到具体位置了，大概是小区之间的过道。瓷器口是奶奶家，自己家也在西内，在位置上离姥姥家很近。小时候大部分时间是在奶奶家度过的，我的活动范围以龙潭湖为中心，周边涵盖天坛公园、方庄、天桥（老自然博物馆）、四路通（我四姨家）、花市（电影院和新华书店）、东单公园，也包括前门和天安门，西城区主要是美术馆、地安门、鼓楼、后海、北海、新街口大街一带。其中最偏爱也最常去的是景山东街的三眼镜胡同、厂桥地区的柳荫

街、大翔风胡同、小翔风胡同。钟爱护国寺小吃店里的小吃，喜欢新街口地区的热闹，羡慕荷花市场的宁静婉约。还喜欢冬天去北海滑冰，夏天喜欢去官园儿童活动中心。但过了新街口豁口的护城河，还有出了西直门桥的地方，我自己是不会去的，总觉得那是城外，像农村，但每次带我去动物园我还是高高兴兴的。平时娱乐无外乎是新街口电影院、地质礼堂，或者躲在小石虎胡同的同学家打水仗，再往下就和楼主说的基本一样了。在奶奶家待了一阵儿，再回到西内，完全不是那么回事儿，全走了样儿了。蚕食在熟悉的胡同上的是一座座五颜六色的小区，熟悉的面孔少了，外地人多了，充斥耳边的全是听不懂的“鸟语”，走在北京的大街上愣是听不见一句北京话。曾经热爱向往的地方也因为各种离奇的变化而让我不愿意接近。这到底是怎么了？这还是我们老北京人的北京吗？一切都看似熟悉实则陌生。

H说，有多少在北京城区住了一辈子的老北京人因为拆迁而被轰到了城外！在北京房改加危改的近20年里！拆迁不仅破坏了北京城独一无二的格局和历经沧桑的胡同、四合院，更有多少老老实实、勤勤恳恳的北京人忍气吞声地流离失所，被迫来到了陌生的地方。只要一拆迁准死老人！这话一点也不错。大多数老北京人面对拆迁无计可施，都没能留在居住了几十年的地方！其实北京人的要求并不高，我们不奢望住多大的房子，不要求太奢华的布置，只想能在自己奔波了大半辈子后能安安生生地度过晚年，儿女都在身边，时不常地回家看看，身边有能说得上话的老街坊。可是现在呢，城区彻头彻尾地变了样儿，胡同拆得差不多了，人更是换了一拨又一拨，真正的老北京人则徘徊在城外。北京的那点好玩意儿被糟蹋得差不多了，在没有了能包容一切的胡同和方方正正的四合院后，北京也像失掉了无形的约束，脾气变得越来越暴躁、乖张和不近人情。这样的北京早已不是记忆中童年的乐土。

怀念小时候院子里的枣树，怀念长长的胡同和坐在胡同口儿乘凉的老街坊们，怀念老北京浓浓的人情。难道这些就只能怀念了吗？

I说，我是13楼的，15楼说得太经典了，真是这样！现在真正的北京人都在四环外，我们家那时被轰到了亚运村，你想啊，咱祖辈在二环住了几十年了，愣给咱们轰到四环外，什么心情啊？那时的亚运村哟，真是荒凉，哪像现在啊，那时我们都管去东四叫“进城”，想当初东四那都是咱家门口的地界儿！那时的交通也没这么方便，进趟城要花费将近两个小时，不过总算熬过来了，现在的亚运村简直寸土寸金，繁华、喧闹。但总觉得缺点什么，唯独缺少了以前咱们胡同、四合院和大杂院里的恬静、温情和人情味。不过，胡同里的吱吱，给你出个主意，要是想怀念一下咱们胡同的感觉，建议你去趟前门，那里现在还仅存几条胡同，我有个朋友住那里，咱们小时候的感觉在那里都能找到。还可以过过串胡同的瘾，感觉到了那里仿佛时间就此定格，远离喧嚣，有种回到了

> 蹦蹦车、摩托车、三轮车、电动车，助胡同人家便利出行

> 房梁上挂暖壶——高水平

> 杂物堆积不忍丢，童车淘汰束高阁

> 老童车变成小推车

童年的感觉。还能随便找个胡同里的大爷大妈聊个天，都是老北京，爽！

J说，13楼！说实在的！也这么多年了，在眼睁睁地看着熟悉的胡同一条条地消失，从小玩到大的发小被分散在北京的各个角落，有的甚至下落不明，不知去向。再有就是老人的故世，在一次次的伤心欲绝后，慢慢地虽然不愿意但也只能接受北京变化。现在的北京到处都充满着商机！就像你说的寸土寸金，繁华、喧闹。可是喧闹的背后却是冷漠，人声嘈杂却一点也不热闹了，没有那种氛围再怎么也热闹不起来了。谢谢你给我的建议，前门那边特早的时候我去过廊坊二条，感觉不错！你原来住东四吗？我不是那边的。但我现在经常路过灯市口，史家胡同和干面胡同也被新盖的大楼占了一半，看来也是保不住了，我现在没事就往小胡同里扎，迫切地寻找着为数不多的北京民风，呵呵！也欢迎你来西城区！趁着没拆完呢，赶紧看看吧！真是看一眼少一眼了，呵呵！

> 冬季太阳下，胡同里柿子晒红了脸，大葱白菜打起卷儿

K说，唉！啥也别说了，眼泪哗哗的！我家的老人基本上都是在那次拆迁后过世的，我家以前住朝外大街，那时从家里到东四走着也就20分钟。你住西城吗？我一直是住朝阳的。改天也去西城看看。你是帅哥还是美女？我是女的，我和我老公都是忠实的老北京迷、胡同迷。但他懂的比我要多，以后没事咱们多交流哈！嘿嘿，我老公就是11楼的。

L说，“桦皮厂二巷”，看到这个词真的感到太亲切了，我有很多小学的同学就住在那里，我是西直门内长大的，在那里生活了20多年，可能也是最后一批离开那里的，今年年初西直门内大街的平房都被拆了，说句心里话，我不愿意走，再多的钱我也不愿意走，金钱补偿不了感情，这正是老北京人身上的那种爷志气，不管走到哪里我的根儿永远都在这二环路的里面。当我家搬迁运走了最后一批东西的那一刻，我二叔拉断了那走了几十年的电表，我这个堂堂大老爷们实在忍不住了，哭得很难受。先前看着一户一户的老街坊搬走的时候都是哭着和邻居们告别的，是呀，几十年的老街坊，在这个大杂院里，从小玩到大，老一代一起挖过防空洞，那里面都是老西直门的城砖呀（元代叫和义门）。现在住到楼房里，可那种胡同大杂院的情怀我永远不可割舍。还记得小时候，一到冬天就帮着奶奶推着

> 无限纵深的胡同，静等着胡同串子们来往纵横……

（摄于 2018 年）

小竹车到菜站买几百斤大白菜的日子。那时候老长的队，天也黑得早，大人们排队我们就在边上玩，那个时候的北京才是我最爱的北京。

M说，回忆时光的脚步把我带到了十年前的西直门酱坊大院，那时的院子还是一片平和而热闹的景象：姥姥在板着严肃的面孔训着调皮的孩子；哥哥和几个院里的小伙伴在一块大鹅卵石上玩着游戏；在夕阳的映衬下，姥爷的影子被拉得老长，手里拿着一截已快燃尽的烟头，坐在那张漆色斑驳的大木椅上，脚上穿着那双已穿了好多年的大布鞋；只听“哎哟”一声，一个孩子摸着脑袋站在那儿，再往旁边一看，小舅奸笑着站在一旁，还若无其事的样子，哎，他又在逗孩子玩了，活像长不大的老小孩。整个大院充满了欢声笑语。

N说，酱坊大院身处西直门内大街的最西端，东边是北草厂和南草厂，西边通西直门大桥，可以说交通特别方便。记得以前每天早上起床，我刷牙洗脸后，妈妈给我10块钱，我便唤哥哥去外面的小摊上吃早点，通常是一人一碗豆腐脑，偶尔还会吃一碗炒肝，干的呢，一贯是糖油饼和猪肉大葱馅包子。吃罢早饭，我们便回家去干一些画画、看电视之类的娱乐事；到了中午，姥爷便给我们炒一盘菜，蒸一锅米饭。我印象最深刻的一道菜就是

烧茄子了，切上三四个茄子，用酱爆炒一下，撒上一把蒜，就可出锅了。一盘菜，一人一小碗米饭，我们便美滋滋地吃上了。因为姥姥和姥爷晚上要卖卤煮火烧，要在院里煮肥肠、炸豆腐，所以院子里会很臭。我们便去找胡同里的小伙伴们玩，有时一起翻墙根到北草厂，有时连打带闹到西直门大桥，饿了在桥下面偷偷吃一碗拉面，直到晚上才回家。

O说，楼上的！你原来住哪儿？是酱坊大院吗？还在西内吗？我还在西内住，天天都路过面目全非的西内大街。看了就心疼，不愿意驻足。

P说，每每走在胡同中，都会有一种无法言语的熟悉感与亲切感，总会想起已被拆掉的家——西直门内大街的酱坊大院：灰窄的道路，宽敞的北房，温暖的小屋，亲切的脸庞……一切都在脑海中浮现出来。

Q说，胡同真可怜，我家就住前门，我熟悉那里所有的胡同，房檐的鸽子，还有小猫，我为它们拍照，为它们画画。我眼看着我熟悉的胡同被拆掉，胡同里存着多少童年的故事，多少漆黑与感动。走在胡同里的感觉难以形容，树枝阁楼、残阳碎墙给人另一种情境、另一种感动。可惜推土机来的时候，一切都消失了，比胡同更可怜的是留恋它的人。

自行车王国残影

新中国的自行车，起步于上世纪50年代，曾经创造出“永久”“凤凰”“飞鸽”三大品牌。上世纪六七十年代，自行车不仅是人们的代步工具，也是人们重要的家当，自行车是当时结婚的“四大件”之一，犹如今天的奔驰、宝马一样让人羡慕。

北京市统计局1979年编的《北京市国民经济统计资料1949-1979》一书中列明：北京自行车数量1965年是94万辆，1970年是144万辆，1975年达到223万辆。后来，随着经济的发展，城市的扩张，汽车在不断增加，而自行车则在减少。目前，北京的汽车保有量已超600万辆，到处是车流，首都成了“首堵”。过去上下班时，长安街头自行车的壮观景象已经消失。现在，只有在胡同里还能看见成批的自行车，与斑驳的墙壁和破旧的院落相伴，成为北京的定格记忆。

> 宽处能行，窄处能走，自行车是胡同人家好帮手

> 修葺一新的胡同里，自行车仍然受宠

> 翻拍于宛平城摄影展（王文澜作品）

胡同里八旗养鸟遗风仍盛

养鸟一直被视为八旗子弟遗风，是清末那些遗老遗少们流传给胡同人的。不过，这一娱乐方式的历史可远了去了。已故著名剧作家翁偶虹在其《养鸟趣谈》一文中提到：“养鸟是北京人生活娱乐方式之一。明末发其端，清代蔚为风尚。乾隆盛世，八旗子弟闲散成习，养鸟者此倡彼随，逐渐波及各个角落，历嘉、道、咸、同、光、宣，直至本世纪（指20世纪）四十年代而不衰。”其实，这一现象现在也没衰。

过去一提“养鸟”，立马和“纨绔子弟”“玩物丧志”联系起来，现在提“养鸟”，则和“胡同大爷”联系起来。您别说，还真是的，现在提笼架鸟的，肯定具备俩条件：一是老北京，二是老男人。

老爷子遛鸟，大都去公园树林里，清晨呼吸那里的新鲜空气，所以还真不知道是人遛鸟，还是鸟遛人哪！“胡同大爷”最爱养两种鸟，一是百灵鸟，二是画眉鸟。百灵是北方鸟，画眉是南方鸟，两种鸟都喜欢学口，最多的能学十三口叫声，但需精心训练。一般训练有三个过程，分别为：遛鸟，靠鸟，打斗。

遛鸟：为让鸟驯服，不怕见生人，每天清晨和黄昏都要提鸟笼到公园林地，把鸟笼挂在树上，让其听其他鸟鸣唱。提鸟出家门后，要放下笼衣，有节奏地甩起两臂，但不可太剧烈。鸟到了新环境里，要渐进掀开笼衣，从一点点到最后全部掀起，这样鸟的胆子就练出来了。

靠鸟：百灵和画眉很善于模仿同类及其他鸟类鸣唱，为了让其博采众长，带它至鸟场领略，它对善鸣者的歌声听久了，也就会高声鸣唱了。

打斗：鸟驯熟之后，才可练习打斗，借以增进它的战斗技能。初时，只可与水平相当者小试，不能大斗，更不可与高手决战，否则一遭败北，其士气亦难再振。从此，不是未战先馁，就是曳兵而逃。因此训练的秘诀是：选实力相当者练习，不待胜负分晓即将它们分开，这样两鸟都会自认为战胜对方，于是自鸣得意，振翅高鸣，战斗精神意犹未尽。

不知“胡同大爷”离开人世后，这种养鸟遗风是否还能在胡同里延续下去。

> 各式的鸟笼，各样的鸟雀，各异的屋檐，胡同里的别样风景……

胡同猫狗十分忠诚

> 小狗竖起尾巴散着步

别看胡同人住着大杂院，房屋狭小，人员拥挤，但这不影响他们饲养宠物。除了改革开放前老北京就一直喜欢的养鸽子养鸟外，现在养猫养狗的人越来越多。不过，胡同猫狗有一特点，一是不那么洁净，因为洗澡条件有限；二是流浪的多，因为胡同被拆后人住进楼房就甩下猫狗不要了。然而，贫家出孝子，猫狗即使被甩下，也死守着以前的老地方，总期望再看见主人回来。

我在胡同拍照时，看到许多残疾猫狗，不是瞎了眼，就是瘸了腿，可怜兮兮地到处乱窜，一个个都成了地地道道的“胡同串子”。当然也有许多热爱猫狗者，与他们的宠物形影不离，成为胡同一景。

> 猫们竖着耳朵晒太阳

> 守着旧房子的“小邋遢”

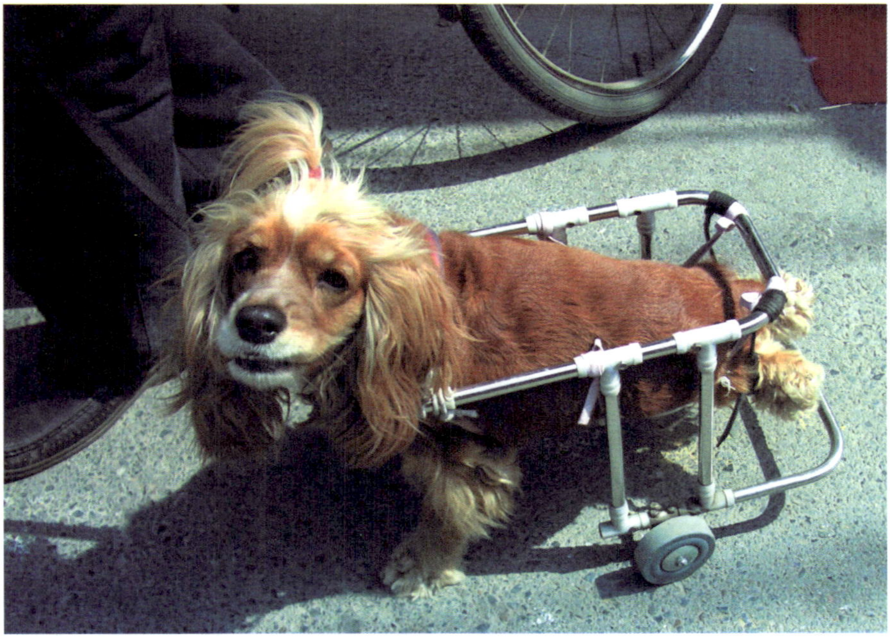

> “轮椅”扶起残腿狗

> 晒晒太阳、洗洗澡，胡同里的宠物们，生活有滋有味

据说，一个出租车司机，每看到有带狗人乘车，他都会讲同一个故事：

多年前，一人养了条大狼狗，长得很大，食量惊人，加上吠声吵人，四邻不得安宁，遂报警。警察告知，城内不得养大犬，必须把狗送走，否则严惩。他不得不把狼狗放在布袋里，载出去放生。为防止它跑回家，特地开出去一百多公里。放了狗，他迅速启动车，狼狗追了几公里后消失了。一星期后，半夜有人用力敲门，他开门一看，原来那只大狼狗回来了：形容枯槁，筋疲力尽，显然经过长时间的奔跑和寻找。但是他二话没说，又从家里拿出布袋，把狼狗强行装进去，再次去放生。这次，他听到狼狗低声号哭的声音。当他到山里把布袋打开时，发现布袋满是血迹，血正从狼狗的嘴角流淌。他把狗嘴拉开，发现狼狗咬断了自己的舌头。可能它希望用血留一条回家的记号。出租车司机说，他就是那狗的主人，但不是人呀，还不如一条狗！他说，后来他把狼狗厚葬，常去烧香祭拜。他发誓，要对养狗的人讲这个故事，劝大家既然养了狗，就一定要爱护它们……

惬意地享受季节变化

> 杨柳青，放风筝

> 杨柳死，踢毽子

> 阳光下休憩的老人自得其乐

> 后海冬泳的老人不畏严寒

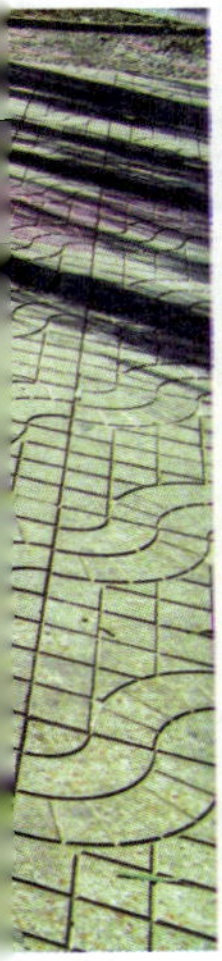

胡同里的“京城四老”

胡同里的老北京人，身上有股子特殊的韵味。尽管他们衣着普通，面带沧桑，但他们身上多少代传承下来的那种“气质”，是其他地方的老人所不具有的——那就是只可意会不可言传的老北京味。

谁是老北京人？据史料记载，1644年清军入关直到1912年，北京总人口112.91万，其中大部分为旗人，汉人所占的比例非常少。辛亥革命以后，京师并未发生大规模内乱，所以旗人也未大规模回迁关外东北，而是大规模改旗入汉，成为真正意义上的“老北京人”。因而，八旗身上特有的遗风遗韵，潜移默化于胡同老人们的方方面面。

> 京味十足的老头老太太们，在胡同里已是越来越少。随着拆迁以及穷出富进计划的推进，胡同里的老北京味儿也变得越来越淡。

爆竹聲中鴻運鬧
福照吉祥富貴來

《回家的路》

part 3

按：本部分图文作于 2009 年，为保存历史记忆，此处重版时未作修改。

第三部分　凄凉拆迁

2009：二环内的胡同还在大片拆

就在北京市政府一再申明不许二环内推倒胡同再建大型住宅区时，由中信集团开发的中信城项目却在二环内的菜市口附近推倒大片胡同，兴建占地128万平米的大型住宅区。

北京最大的棺材铺马上要拆掉，康有为故居陷在一片“拆”字中岌岌可危，张君秋早年的宅院已然荡平，偌大的山西会馆被推掉了半截……我拿着相机穿行在菜市口附近一条条行将消失的胡同里，心情如同那大杂院房顶上生长的枯草一样凄荒。胡同里到处都是画着圈的大“拆”字，触目惊心。请注意，这是2009年3月。

《北京旧城历史文化保护区保护和控制范围规划》的推出是1999年3月，迄今整整十年。据《北京旧城胡同报告》所做的摸底调查显示，北京旧城内确定的1320条胡同中，完全保留传统格局与风貌的，仅存430条，占总数的33%；另有占总数15%的205条

> 老北京最大棺材铺也被拆。棺材铺面上书：“自置四川建昌茵陈金丝楠木椁套福建香杉江西饶州兜运各省花板一概俱全。”

> 正在兴建的中信城，位于菜市口附近，周边诸多梨园名人故居和会馆被毁

> 南海会馆暨康有为故居

> 她，51 岁，住菜市口东南的和平巷。她说，以前这一带有好多名伶的故居。小时候经常看见京剧名角张君秋从车上下来后，用手扇灰尘。现在那些名伶的老宅几乎都被拆了。

> 京剧艺术大师荀慧生故居，周边的房屋已被推光，眼下只有这个小四合院孤零零地立在废墟中，岌岌可危

胡同，早已“名存实亡”。另一项数据显示：北京的胡同以每年约50条的速度消失着。从解放初的3200多条到1990年只剩下2200多条，从上个世纪90年代至今十余年间，又失掉了800多条。一年消失50多条，相当于每周有一条胡同消失。胡同要不要保护已经不是问题。问题在于，该怎么保护？保护多少？随着一片片胡同被推倒，一浪又一浪的民间保护风波也从未停息。

米市胡同内的康有为故居，原为南海会馆，建于清道光四年（1824年）。后发展到13个院落、190多间房舍的大会馆。光绪八年（1882年）康有为来京应考，就住在馆内一个小跨院中。康有为在这里同维新党人策划变法的方案，写过很多维新变法的诗文。光绪二十一年（1895年）四月，有名的“公车上书”万言书写就于此。变法维新失败时，“戊戌六君子”之一的康广仁在南海会馆被捕，后遭杀害。

老会馆消失在拆迁中

> 正被拆的山西会馆和湖南会馆 2009.3.8 摄

宣武区71岁的田晋彪与正在拆的山西会馆（保安寺街7号）和湖南会馆（保安寺街5号）住对面，如此好的会馆被拆掉，他感觉很痛惜。

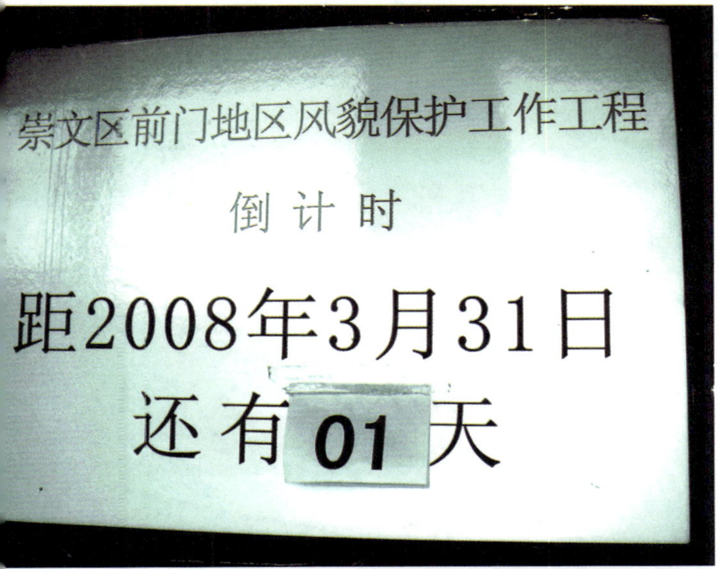

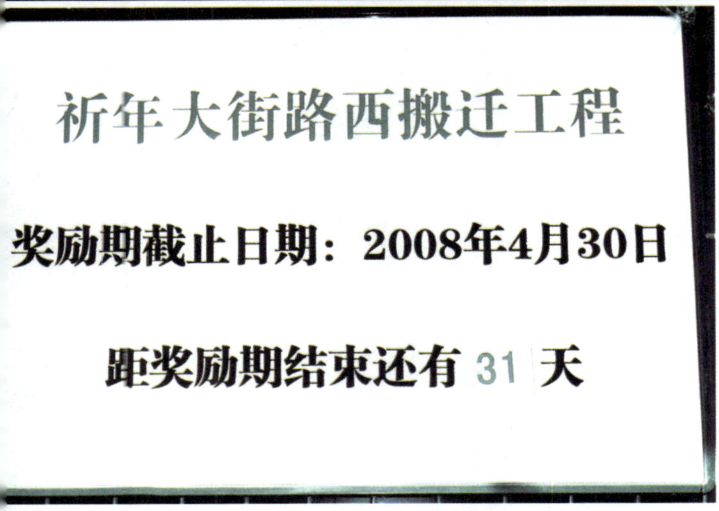

48岁的董学强说，1992年他在广安门地区的家被强制拆迁时，他坚决不搬，结果被当作死硬的钉子户，被法院派出的法警架走，直接送上了执行庭，勒令其迅速搬离，最后他不得不搬。他自称是当年北京颇为有名的钉子户。

精神病小伙说："我要用枪保卫家！"

大杂院人的无奈

大杂院里的人说，其实他们也不愿挤破屋、烧煤炉、上公厕，但是大人要就近上班，老人要就近看病，孩子要就近上学，迁到大老远的五环和六环之外，上班、看病、上学怎么办？他们非常矛盾，虽然相当一部分盼着搬迁，毕竟大杂院里的小平房远不如现代化的楼房住着方便，但大杂院里的那份情也实在难以舍弃。

大杂院里的人，有事儿没事儿各自提溜一小马扎，或在院门口或在院当间，扎堆儿就开聊，什么国家事、北京事、胡同事、人家事，没有不聊的。吃饭时也喜欢张家、李家、王家、刘家，每家炒俩菜凑一块堆儿合吃。虽然彼此间也时不常地为点子芝麻小利争吵斗气，但那嘘寒问暖呀，帮忙收衣呀，这些个一家人似的热乎劲儿啊，住进楼房里就再也找不到了。胡同人有句口头语，说咱是“父一辈、子一辈的老街坊”，意为彼此具有久经考验的信赖关系，人与人无保留地接触，接着是无保留地融洽。

大杂院人有自己的公德标准，谁要光顾自己不顾别人那可不行。比如，一个院里只有一个水龙头，谁要老把着洗个没完，别人就得等；谁要把破烂儿堆到大门洞里，别人就推不进来自行车。所以碰上不自觉的，就得有人出来“管闲事”，一般是有点上了年纪的大爷大妈、大叔大婶充当，再不行就居委会出面了。

他们将离开城区的胡同，迁入远郊的楼房，从此人气散去，老街坊各奔东西……

拆

平安和谐 始于心
依法拆迁 鉴于行

快拆迁进程
梦温馨家园

废墟边顽强地生活

胡同人在硕大的“拆”字的包围下，在一片片已被拆毁的瓦砾下，照样气定神闲地生活：该晾衣服就晾衣服，该晒被子就晒被子，该读报纸就读报纸，该下象棋就下象棋。这种胡同人的超级承受心态，不得不让人感叹。

> 如此韵味十足的胡同已不复存在

老建筑遗像

位于南二环内、菜市口附近的这座富有特色的小宅，于2009年被摧毁。在此位置上，正在兴建现代化的中信城住宅区。尽管北京市政府早已宣布，不在二环内成规模拆毁胡同和四合院，但事实并非如此。

位于崇文区珠市口东大街的这栋三层小楼，建于民国初年，曾经傲视群雄地矗立，但在前门区域改建过程中，这栋建筑历经五年的落魄孤寂后，于2010年6月被推平，现已荡然无存。

高楼大厦为四合院吟唱最后的挽歌

这两幅对比强烈的图片，拍自2009年的菜市口附近。中国联通北京市分公司的玻璃大厦在后面高耸竖起，四合院已被拆得支离破碎，惨不忍睹。

残败不堪的四合院仍然顽强不屈地挺立，不肯就此倒下。它以自己“低贱”的方式，试图让更多的后人看到这凄惨的景象：害死我，你们早晚会后悔的！

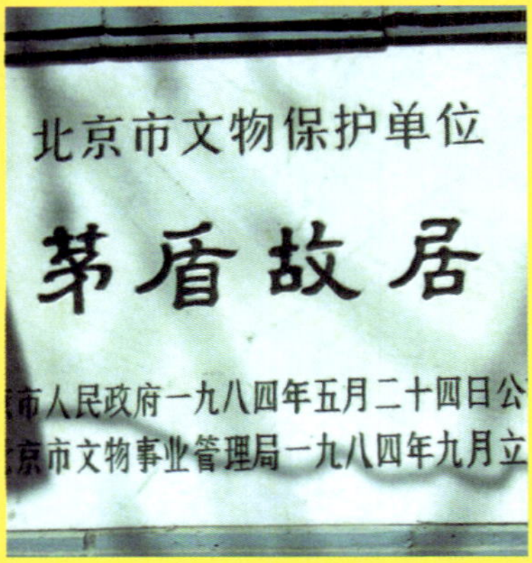

p a r t 4

第四部分 人文视角

抱残守缺的辜鸿铭

中国20世纪初的大学问家辜鸿铭，在北大任教时住在椿树胡同。一天，他在私宅宴请欧美友人，不点电灯，却用煤油灯，屋内烟气呛鼻。老外说，煤油灯不如电灯明亮，辜鸿铭笑道："我们东方人，讲求明心见性，东方人心明，油灯自亮。东方人不像西方人那样专门看重表面功夫。"他乘机借灯讲起了佛理和哲学。所以，20世纪初，西方人曾流传一句话：到中国可以不看三大殿，不可不看辜鸿铭。

辜鸿铭何许人也？百度人物简介：他生在南洋，学在西洋，婚在东洋，仕在北洋。他获有13个博士学位，倒读英文报纸嘲笑英国人，说美国人没有文化，第一个将中国的《论语》《中庸》用英文和德文翻译到西方，凭三寸不烂之舌，向日本首相伊藤博文大讲孔学，与文学大师列夫·托尔斯泰书信来往，讨论世界文化和政坛局势，被印度圣雄甘地称为"最尊贵的中国人"。

作为一位通晓九国语言、学贯中西、博闻天下的著名学者，辜鸿铭最为后代人所津津乐道的，并非他的盖世绝学，而是他那根至死不剪的可笑的"既短且细的灰白辫子"和一些匪夷所思的奇谈怪论。某次，在一个社交场合，一位英国贵妇当面问辜鸿铭："辜先生，您曾经为中国的纳妾制度辩护。可是从普遍的人性来说，为什么一个男人可以娶许多女人，而女人却不可以反过来有很多男人呢？"他略一沉吟，著名的"茶壶茶杯论"脱口而出："夫人，我是为中国的纳妾制做过辩护，但这并不意味着纳妾只在中国才合理，它是天理。男人好比茶壶，女人好比茶杯。夫人见过一只茶壶配四个茶杯，可曾看到过一只茶杯配四只茶壶啊？"(见黄兴涛《闲话辜鸿铭》)。

他不但主张"纳妾合理论"，更是纳妾的拥戴者，还"纳"出国门，娶了位日本女子为妾。他喜好打麻将，每赌必输；他也甚爱

> 辜鸿铭
（资料图片）

嫖娼，几乎逛遍了八大胡同。辜鸿铭是民初国会议员，每次参加会议能得到300大洋的出席费。他拿到钱后，通常直接去八大胡同。妓院的妓女随着唱名鱼贯而出，辜鸿铭给每个妓女一人一块大洋，直到把钱花光，然后扬长而去。

辜鸿铭很看不上自披皇袍的袁世凯，是一位坚决的“反袁党”，多次在英文报纸上写文章骂袁世凯。1916年，袁世凯在举国上下的谴责中死去。辜老夫子竟然置政府“停止娱乐，举哀三天”的禁令于不顾，在府上大开堂会，大唱风骚好戏《拾玉镯》和《穆柯寨》。

辜鸿铭一生主张皇权。民国建立后，他在北大讲授英国文学，留辫子，穿长袍马褂，为纳妾和缠足进行头头是道的辩解，言行极其偏激。辜鸿铭在北京大学第一天梳着小辫儿走进课堂时，学生们哄堂大笑，他平静地说：“我头上的辫子是有形的，你们心中的辫子却是无形的。”闻听此言，狂傲的北大学生一片静默。

当年，辜鸿铭在东交民巷使馆区内六国饭店用英文演讲《春秋大义》。中国人演讲历来没有售票的先例，他却要售票，而且票价高过“四大名旦”之一的梅兰芳。听梅兰芳的京戏只要一元二角，听辜鸿铭演讲却要两元，外国人对他的重视由此可见一斑。

辜鸿铭指出，估价一种文明，必须看它“能够产生什么样子的人”，“产生什么样的男人和女人”。辜鸿铭把中国人、美国人、英国人、德国人、法国人进行比较研究后，提出宏论：美国人博大、纯朴，但不深沉；英国人深沉、纯朴，却不博大；德国人博大、深沉，但不纯朴；法国人没有德国人天然的深沉，不如美国人心胸博大，不比英国人心地纯朴，但拥有这三个民族所缺乏的灵敏；只有中国人具备了博大、纯朴、深沉、灵敏四种精神特质。1928年4月，辜鸿铭逝于北京，享年72岁。

> 此文配图与辜鸿铭无直接关系，但这些建筑全部延续于他生活过的时代，是无可替代的历史印记

梅兰芳住过的胡同

> 梅兰芳出生地：樱桃斜街 65 号，门头刻有“梨园永固”，依然清晰

梅兰芳(1894—1961)，祖籍江苏泰州，但出生在北京的前门外李铁拐斜街胡同。这宅子是梅兰芳的爷爷梅巧玲所买，为两进院落，后门为樱桃斜街。

梅兰芳三岁时，其父梅竹芬因瘟疫死在此宅内，年仅二十五岁。梅兰芳的伯父梅雨田是著名琴师，承担起了梅家老小的生活重担，一直到梅兰芳长大成人。梅兰芳五岁时，在百顺胡同附近一家私塾读书。1900年八国联军入侵北京时，梅兰芳家虽然已迁到了百顺胡同，但因房子浅窄，不易躲藏，他家就

> 梅兰芳与孟小冬 （资料图片）

搬到李铁拐斜街外祖父的府中暂居。

1904年8月17日，梅兰芳在北京广和楼戏馆第一次登台，在《长生殿·鹊桥密誓》里演织女。1907年，梅兰芳家从百顺胡同移居芦草园。正式搭班“喜连成”演出。1908年8月14日母亲杨长玉病逝。十五岁时，梅兰芳又随着伯父搬到了珠市口南桥湾东侧鞭子巷头条(今锦绣头条)的小四合院居住。

1912年，梅兰芳结婚生子后搬到了鞭子巷三条(今锦绣三条）26号。此院儿有北屋五间，南屋三间，东西厢房各两间。迁到此院不久，伯父就把管家的账本、钱柜的钥匙交给了梅兰芳，从此他就成了当家的。此时他不到十九岁。伯父给他交权后不久便去世。梅兰芳在鞭子巷三条时，养鸽子上瘾，因为训练鸽子，既练了眼神儿，又练了臂力。民国元年6月，在此院，梅兰芳把辮子剪掉。

> 现在的樱桃斜街

1916年，二十二岁的梅兰芳花两千多块银圆买下南芦草园胡同的一所宅院，由两个四合院打通组成，共三十多间房。这年4月，他率领喜群社首次赴日本演出。1919年，梅先生又把家搬到了东城的无量大人胡同。这一年，他开始拜齐白石为师学画。后来他在这个院里迎娶了第二位夫人福芝芳。

1927年梅兰芳被评为京剧“四大名旦”之首。后经当时的银行家冯耿光证婚，梅兰芳迎娶孟小冬。1930年1月18日至7月，梅兰芳率“承华社”剧团部分演员经日本、加拿大赴美国演出72天。1931年5月，与余叔岩、齐如山、张伯驹等人创办“国剧学会”。本年，梅兰芳第三次率团赴香港演出。同年与孟小冬解除婚姻。

1932年冬，梅先生将宅子卖掉举家迁往

> 梅兰芳 1951 年迁入护国寺故居

上海。1938年初，携家眷和剧团再赴香港演出，全家留居香港。1941年，蓄须明志，息影舞台。1942年夏，由香港返回上海，从此闭门谢客。1945年10月重新登台，在上海美琪大戏院与俞振飞合作演出了昆曲《断桥》《游园惊梦》等剧目。

1951年4月，他出任中国戏曲研究院院长。7月，全家从上海迁回北京，定居护国寺街1号（现梅兰芳纪念馆）。1961年5月31日，他在中国科学院为科学家们演出舞台生涯中的最后一出戏《穆桂英挂帅》。同年8月8日凌晨5时，梅兰芳在北京病逝，年仅67岁。

> 鲁迅（资料图片）

> 八道湾胡同里的鲁迅故居

鲁迅故居的风雨历程

鲁迅于1919年8月19日用三千五百块大洋买下北京八道湾胡同11号的三进四合院。同年11月21日，他与二弟周作人一家移居新居。同年12月29日，鲁迅从绍兴接来老母和夫人朱安以及三弟周建人一家，实现了全家大团圆。

八道湾11号院旧时曾是大宅门格局，宅内分正院、后院和西跨院三进。鲁迅与母亲、朱夫人住前院，周作人及其“苦雨斋”在后院。但是，居住不到四年，鲁迅与二弟周作人失和，随后于1923年8月2日搬出了八道湾。先迁到砖塔胡同61号，1924年5月25日又迁到阜成门内西三条胡同21号，也就是现在的鲁迅故居所在地。鲁迅在这里住了两年，但此院比起八道湾胡同11号的四合院要小得多。

鲁迅迁出八道湾四合院的缘由，有说是周作人对其兄偷看其日本夫人洗澡很不满意，也有说是周作人受其日本夫人无中生有的挑唆所致。

上世纪九十年代中期，八道湾四合院面临拆迁危局，在新闻媒体的介入下，引起社会高度关注。其后，八道湾11号四合院成了极具争议之地——这里要不要保留？到底是要保留鲁迅的还是要留周作人的？

因为从鲁迅迁出的1923年到1967年周作人去世，八道湾11号院一直是周作人的宅院。这里一度是京城文人和名流聚集的地方，周作人曾于20年代中期把书斋命名为“苦雨斋”，此名号渐在文人中流传，遂成为一个具有名士风范的地方，形成后来被学者所称道的“苦雨斋”京派文人圈。据考证，当时时常出入这个宅院的有钱玄同、沈士远、沈尹墨、刘半农、马幼渔、俞平伯等人，他们都是现代文学思想史上的重量级人物。周作人本人也是著述颇丰，虽有“汉奸”之称，但也非等闲之辈。

周氏兄弟公认的几部新文学最重要的作品，都在八道湾11号院内诞生。如鲁迅的《阿Q正传》《风波》《故乡》《社戏》等著作和译著，数量达上百篇。这里应是当之无愧的“五四”最重要的文物之一。

> 八道湾胡同 11 号

鲁迅之子周海婴在《鲁迅与我七十年》一书中，表示不赞同将八道湾作为鲁迅故居来保护。他说："八道湾的房屋以北房最佳，而父亲本人根本没有享受过，而'苦雨斋'又与他不搭界。他早年住过的屋子，又都破损不堪。""保护八道湾实际等于保护周作人的'苦雨斋'。那么，汉奸的旧居难道值得国家保护吗？"

对于周海婴的看法，鲁迅博物馆馆长孙郁说："不能因为周作人后来的'落水'，就将他在五四时期的功绩一并抹杀。""何况，鲁迅很重要的作品在那里诞生，而且八道湾11号可说是民国时期最著名的文化沙龙、辛亥文化的重地。"毛泽东、李大钊、蔡元培、郁达夫、钱玄同、胡适、沈尹默等都曾

> 周作人（资料图片）

> 八道湾胡同 11 号院门

造访此地，俄国盲诗人爱罗先珂还在八道湾11号生活过一年半，五四人物的足迹，密密麻麻布满了八道湾11号的宅院。

解放后的八道湾11号中的一部分房子已经充公为军队的房子，鲁迅住过的南房和那院落的房中，住了解放军家属，周作人和夫人住在后院的北房里。

《周作人二三事》一书里说，周作人晚年有一名言，“寿则多辱”。不过他还算幸运，1967年“文革”开始不久便去世了。

目前，该四合院中仍居住着36户人家。拆还是不拆，仍无最后定论。可能最后是胡同拆了，但11号院却孤苦伶仃地留下来。

邵飘萍与《京报》

邵飘萍出生于1886年，浙江人，因直言敢谏开罪军阀，于1926年被北洋政府奉系军阀张作霖杀害于天桥。邵飘萍是中国新闻理论的开拓者和奠基人，也是五四运动实际发起人。他享有“铁肩棘手，快笔如刀”“飘萍一支笔，抵过千万军”的评价。

邵飘萍天资聪颖，14岁即考中秀才，19岁入读浙江高等学堂（浙江大学前身），26岁任《汉民日报》主编。袁世凯称帝后，他为《时事新报》《申报》《时报》撰稿，抨击袁的阴谋，曾为此被捕入狱。

> 邵飘萍 （资料图片）

> 位于西城区魏染胡同 30 号的京报馆旧楼，现为居民楼

1918年他32岁时，在北京南城珠巢街创办了《京报》及附刊《北京报》，由于《京报》主张民主政治，言论激烈，时事性强，很快成为京师最大的畅销报。北京大学校长蔡元培邀请邵飘萍和汤修慧夫妇在北京大学成立了“北大新闻学研究会”，设在北京大学沙滩红楼第34教研室，学员中包括毛泽东、陈公博、罗章龙、谭平山、高君宇等。毛泽东认真学习了邵飘萍的办报经验，于民国8年（1919年）初离京返湘，在长沙创办了《湘江评论》，其任主编的这份报纸，风格上与邵飘萍所办的《京报》颇有借鉴。

邵飘萍被同时代人称为“新闻全才”。早年的《大公报》总编张季鸾曾评价他：“北京大官本讨厌见记者，邵飘萍却能使之不得不见，见且不得不谈，旁敲侧击，数语已得要领。”邵飘萍风流倜傥，慷慨豪爽，善于言辞，广泛交游，上至总统总理，下至仆役百姓，他都谈得来。他重交情，讲排场，经常在酒楼饭馆宴请宾客，以期从客人的口中捕捉信息。

一直流传着这样一则关于邵飘萍的采访逸闻：第一次世界大战期间，北洋政府面临参战还是中立的问题，段祺瑞内阁会议匆忙做出决策，但不敢公之于众。许多中外记者使尽浑身解数也一无所获。年方21岁的邵飘萍决心“深入虎穴”采讯。第一次去国务院，被挡驾。第二次，他借得一辆挂有总统府车牌的汽车长驱直入。他大摇大摆走进去，段祺瑞绝口不谈和战决定。邵飘萍七劝八说，立下誓言：三天之内如在北京走漏风声，愿受处置，并以全家生命财产为保。段终于披露参加协约国对同盟国作战的决定，连其中细节也吐露无遗。邵如获至宝，出来后立即驱车直奔电报局，以密电传沪。《申》《新》二报立即以号外特大新闻发表，印数十万份，散布上海滩，影响巨大。五天后，号外慢慢流入北京，段祺瑞才如梦初醒。

1919年5月1日，巴黎和会外交失利的消息传到国内，《京报》率先报道了这一消息，立即在社会各界引起强烈的反响。5月3日晚7时，邵飘萍来到北河沿北大法科大礼堂出席北京13所院校代表大会，他登台呼吁学生举行反帝反封建的学界示威大游行。5月4日学生聚集天安门时，邵飘萍站在学界游行的前列。此次运动波及20余省，钱能训内阁被迫辞职，出席巴黎和会的中国代表拒绝在对德和约上签字，五四运动取得胜利，邵飘萍和汤修慧夫妇亦被尊为“五四运动的旗手”。北洋政府8月22日下令查封了《京报》，邵飘萍被迫流亡日本。

1920年10月26日，邵飘萍从日本回国三个月后，将京报馆迁至骡马市大街魏染胡同30－32号一座二层楼内，并购置了轿车和印刷设备。1925年，在李大钊和罗章龙介绍下，邵飘萍秘密加入中国共产党。1926年4月26日，奉系军阀政府以“宣传赤化”罪名将邵飘萍杀害于天桥，时年40岁。

北京会馆与京剧

中国国民革命党于1912年8月25日下午1时在宣武区虎坊桥的湖广会馆成立，由同盟会、统一共和党、国民公党、国民共进会和共和实进会合并而成。因为湖广会馆有特别意义，所以得以保存并被修缮一新。湖广会馆内的大戏楼，现在经常举办票友演唱会。

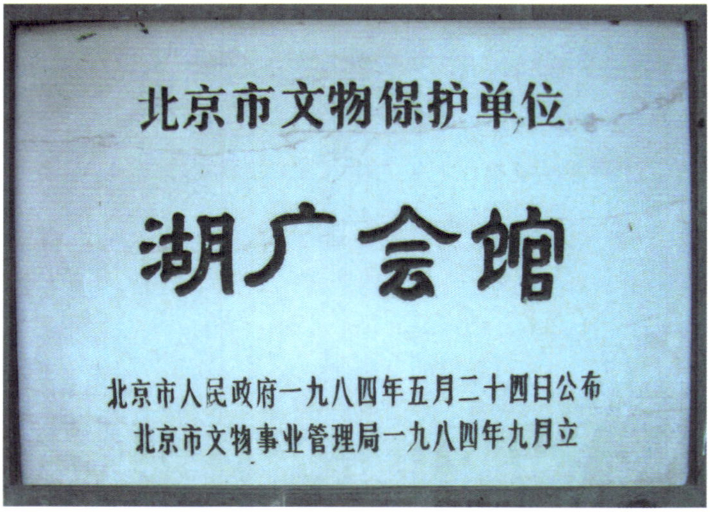

> 距今三百多年的正乙祠戏楼，程长庚、谭鑫培、卢胜奎及梅兰芳、余叔岩等京剧大师都曾在这里演出过

> 充满京剧元素的特色餐馆

明清时代，实行开科取士制度。据统计，从明永乐十三年恢复科考，到清光绪三十一年下诏停止科举，两朝先后在北京举行考试201科，取进士51624人。每次考试期间，数以千计的举子涌入京师。许多居民挂出“状元店”招牌，供举子借居。但这类“状元店”租金昂贵，一般贫寒子弟负担不起，他们迫切期盼解决到京后的住宿问题，于是会馆应运而生。

这种以接待举子考试为主的会馆有的叫作“试馆”。这类试馆在所有会馆中数量最多，约占百分之八十以上。清朝末期，科举制度废除，试馆功能丧失，但是作为行政帝都的北京，仍有大批各地的官吏及家眷、在京商人和学生前来，他们需要借会馆居住、集会，故而外地人士为联络乡谊，或省设一馆，或府设一所，或县设一处，大小凡四百余所。外国商品侵入以后，北京

的工商业者为了同他们抗衡，同洋货竞争，纷纷成立了同业公会，有的会馆就成了同业公会的会所。

民国时期，这些会馆基本保存继续使用；日本占领时期，会馆统称同乡会。新中国成立初期，许多会馆瘫痪，负责人或离京出走，或隐避不出，后来会馆纷纷被挪作他用。

北京会馆中17座建有戏楼，其中正乙祠、湖广会馆、安徽会馆、阳平会馆的戏楼尤为著名，被称为“四大戏楼”。这些戏楼为地方戏曲在北京演出提供方便，促成乾隆末年的“四大徽班”进京，新剧种京剧由此诞生。

康熙六年(1667年)，江浙商人在正乙祠银号会馆内建立了戏楼，距今已三百多年。京剧创始人程长庚、谭鑫培、卢胜奎及梅兰芳、余叔岩等大师，都在这里演出过。

宣武门外大街路东的江西会馆，馆匾是人称“辫帅”的江西人张勋所题。馆内戏楼前建有罩棚，可容纳两千多名观众。这里曾是京城最活跃的戏剧演出场所。上世纪二十年代，鲁迅先生曾多次来这里与友人聚会和看戏。俞平伯、吴梅等名士也在这里以票友的身份演出过昆曲。

清末民初，专业演出的戏院、剧场纷纷建立，会馆的戏剧演出才渐渐衰落。但会馆的戏剧活动，在北京的戏剧发展史上，留下了不可磨灭的一页。

段祺瑞执政府

段祺瑞执政府旧址在东城区张自忠路3号，原名铁狮子胡同。清代时，这里有三座府第：东为和亲王府，中为贝勒斐苏府，西为和敬公主府。

清末，两府（和亲王府、贝勒斐苏府）内的建筑全被拆除，新建三组砖木结构的楼群。后又在中间部位修建了一组仿欧洲古典建筑的灰砖楼群。1912年袁世凯任中华民国临时大总统时，总统府和国务院设在这里；1919年后，靳云鹏任国务总理兼陆军总长，改为总理府；1924年直奉战争结束后，段祺瑞被北洋军阀推举为中华民国“临时执政”，这里改为执政府。

1926年3月18日，北京各界群众五千余人，为反对日本侵犯中国主权的行

> 段祺瑞执政府

为，在天安门集会抗议后，结队赴段祺瑞执政府请愿。段祺瑞府卫队开枪射击，造成死47人、伤150多人的惨案。国立北京女师大学生刘和珍和杨德群在惨案中牺牲。鲁迅愤怒著文《纪念刘和珍君》，称该日为“民国以来最黑暗的一天”。

1926年4月10日，北京发生政变，驻北京的国民军将领鹿钟麟包围了临时执政府，段祺瑞出逃，执政府倒台，由冯玉祥将军接管。王树常任北平卫戍司令时，此地改为北平卫戍区司令部。1937年前，这里是二十九军驻北平军部及冀察政务委员会。1937年北平沦陷后，这里成为冈村宁次为首的日本华北驻屯军总司令部，东院是以喜多为首的日本特务机关兴亚院。1945年后改为十一战区长官司令部和国民党北平警备司令部。1949年划给中国人民大学做校舍。1978年主楼由中国社会科学院清史研究所使用。

>“三·一八”惨案纪念碑

> 段祺瑞（资料图片）

段祺瑞其人

段祺瑞，生于1865年3月6日（同治四年二月初九日），为民国时期重要人物，皖系军阀首领。1881年，段祺瑞怀揣一块银圆，在十多天里徒步二千余里，来到山东威海投奔族叔段从德，入了军营。1885年，洋务派代表李鸿章创办北洋武备学堂，段祺瑞以优异成绩考入武备学堂，成为第一期预备生，分入炮兵科。1888年冬，段祺瑞以第一名成绩与其他四位同学到德国留学。

段祺瑞严肃刻板，不苟言笑，生活朴素，清廉如水，没有任何房产。他不抽、不喝、不嫖、不赌、不贪、不占，人称“六不总理”，一生酷爱围棋，资助过许多围棋手（包括吴清源在内），被称作“中国围棋的大后台”，他还好打牌。段祺瑞喜用私人，刚愎自用，有非凡的组织才能，善于利用政治和军事手腕维护其统治。后来信佛吃素，即使极度缺乏营养，也宁死不沾荤。

他因致电逼迫清帝退位、抵制袁世凯称帝和讨伐张勋复辟这三件事，享有“三造共和”的美誉。据后来查证的史实，1926年发生的“三·一八惨案”，段不在府内，也未下令开枪。现在已有人出书为段祺瑞翻案。

>张自忠（资料图片）

国民党三位抗日将领路名

赵登禹、佟麟阁、张自忠三位将领都是冯玉祥的部下，他们先后殉国于1937年和1940年。1946年11月25日，当时的北平市长何思源签发了《府秘字第729号训令》，将北京市区三条道路命名为赵登禹路、佟麟阁路、张自忠路，以纪念抗日英烈。

张自忠1891年出生在山东临清一个富裕家庭，自幼乐善好施，常从家里拿白面馒头换穷人的糠窝头。张自忠1911年在天津法政学堂求学时秘密加入同盟会，1914年投笔从戎赴东北。1917年入冯玉祥部，历任营长、团长、旅长、师长、军长、集团军总司令等职。

抗日战争期间，他曾被社会污为汉奸，备受责难，使他抱定“只求一死”来证清白。他率领军队一战淝水，二战临沂，三战徐州，四战枣庄，1940年5月16日以集团军总司令之职殉国，年仅49岁。

后据日本军人回忆，张自忠战死，日军确认张自忠遗体无误后，也不禁为他的勇猛感动，他们把张自忠遗体装入上好棺木入殓，竖起木牌，令全体官兵向张将军行礼拜祭，甚至在他的遗体运回后方时，命令日本空军停止空袭一日，以免伤到张自忠的忠骸。事隔十六年之后，1956年冈村宁次在日本东京与来访的何应钦谈到张自忠之死时说：“他之死令我感慨无量。”

蒋介石得知张自忠殉国后，下令不惜一切代价夺回忠骸。一百多名将士抢回张将军的尸骨后，发现张自忠负伤八处。当灵柩经过宜昌时，全市下半旗，超过十万民众前往吊祭。

> 佟麟阁（资料图片）

当张自忠灵柩运至重庆朝天门码头时，蒋介石、冯玉祥等军政要员，臂缀黑纱，肃立码头，绕棺致哀。蒋介石亲自扶灵执绋，拾级而上，护送灵柩穿越重庆全城。国民政府发布国葬令，颁发“荣字第一号”荣哀状，将张自忠牌位入祀忠烈祠首位。其后，蒋介石率军政要员和各界群众为张自忠举行了盛大的祭奠仪式。

佟麟阁(1892—1937)，满族人，出生于河北省高阳县，国民党追赠其陆军二级上将。佟麟阁早年参加护国讨袁战争，曾任冯玉祥部陆军第11师第21混成旅旅长。1926年9月五原誓师后，随部参加北伐。1928年起，任国民革命军第2集团军第35军军长、暂编第11师师长、第29军副军长。1933年率部参加长城抗战，取得喜峰口大捷。同年5月，参加察哈尔抗日同盟军，任第一军军长兼代理察哈尔省主席，跟随冯玉祥驰骋察省，打

>赵登禹（资料图片）

击日军，收复失地。1937年7月28日，日军向北平发动总攻击，进犯南苑。时任第29军副军长的佟麟阁与132师师长赵登禹指挥29军死守南苑，佟麟阁被机枪射中腿部，部下劝其暂退，他执意不肯。与日军从拂晓战至中午，终因流血过多，壮烈殉国，时年45岁。

赵登禹（1898—1937），山东菏泽人。1914年加入冯玉祥的部队，后任冯的随身护兵。1926年参加北伐。1933年，任第29军第37师第108旅旅长，后任第132师师长。1937年，担任师长的赵登禹，率部抗击日军入侵，守卫北京城外的南苑。部队孤军作战，在敌人炮火和飞机的狂轰滥炸下，损失惨重。赵登禹率部誓死坚守阵地，拼死抗击。7月28日，在奉命向北平撤退途中，在丰台区大红门处遭日军伏击而殉国，时年39岁。

1949年，中共七届二中全会在西柏坡召开，会上通过了两项决议：一是决定中央领导机关迁入北京，二是进城之后不用中央领袖的名字命名街道地名，但保留以张自忠、佟麟阁、赵登禹三位国民党抗日将领命名的街道。1952年6月11日，经冯玉祥夫人、卫生部部长李德全提议，毛泽东主席为三位抗日英烈签发了《北京字第捌拾号革命牺牲军人家属光荣纪念证》。张自忠路位于东城区，佟麟阁路和赵登禹路位于西城区。“文革”时，张自忠路改称“工农兵东大街”，佟麟阁路改称“四新路”，赵登禹路改称“中华路”。“文革”后，北京市政府于1984年10月恢复原名。

二十九军小史

说起国民党二十九军，老北京都特熟悉，因为它是抗日名军，传唱大江南北的《大刀进行曲》，曾是当年献给二十九军大刀队的歌。

二十九军的前身是冯玉祥将军指挥的西北军。1930年，冯玉祥联合阎锡山倒蒋失败后，西北军残存力量溃退到山西南部。为挽救西北军，冯玉祥多方活动，后经张学良首肯，将其收编为二十九军，全军共22000人左右。

“九·一八”事变后，日军控制了东北。此后日军一路南下，到达河北遵化长城的一个重要关隘——喜峰口。1933年3月9日傍晚，日军抢占了关口。次日早上，二十九军所属的三十七师主力赶到，日军主力也到达了战场。双方围绕喜峰口外几个高地展开激战。当年冯玉祥创建西北军时，因为部队扩充快，弹药不足，就为士兵配发大刀。大刀是长柄、宽刃、刀尖倾斜的传统中国刀，利于劈杀。冯玉祥曾聘请一批武术高手，设计了一套对敌刀术让部队勤练。

在喜峰口战斗中，二十九军血战日军旅团，士兵以大刀和手榴弹对抗日军的先进武器，歼敌五千，喜峰口防线经历多次激战始终屹立不倒。喜峰口的胜利是中国自“九·一八”以来的首次大捷，全国上下一片欢腾。社会各界纷纷组成慰问团劳军，各报记者也蜂拥而至。记录二十九军的新闻电影在全国各大影院上映，电影中每当出现宋哲元军长镜头时，观众们都起立鼓掌。二十九军大刀神威名扬天下，作曲家麦新为二十九军专门创作了《大刀进行曲》，被到处传唱。据报道，大刀队虽歼敌五千，却伤亡过万。

> 二十九军大刀队 （资料图片）

大刀进行曲

——献给二十九军大刀队

大刀向鬼子们的头上砍去，

二十九军的弟兄们，

抗战的一天来到了，

抗战的一天来到了！

前面有东北的义勇军，

后面有全国的老百姓，

咱们二十九军不是孤军。

看准那敌人，

把它消灭！

把它消灭！

冲啊！

大刀向鬼子们的头上砍去，

杀！

（作曲家麦新 1937 年 7 月作于上海）

> 二十九军配备的大刀（资料图片）

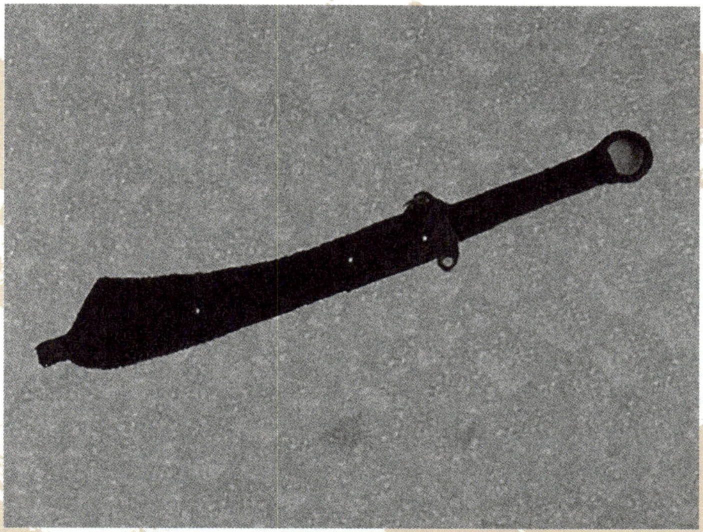

寻访北京名人故居

悠长历史的北京，名人故居知多少？

从辽、金、元、明、清，直到今天，实难稽考。缅怀昔日的名人，实不是今日的热点。但鲁迅写出《阿Q正传》的八道湾11号居所、国画大师齐白石生活了三十六年的跨车胡同13号故居，均先后遭受“拆”的威胁。为此，名人故居存留问题，以及名人故居的惨淡景况，在时下特别看重市场经济的世人面前，凸现出来。

这又引起我的“怀旧欲”，决定去寻访坐落在北京城四处的名人故居。

经与北京市文物局博物馆处联系，得悉，京城现受保护的名人故居共有三十一处，其中属于国家级文物的两处，北京市级文物的十处，区级文物的十九处。

驾起车，携上地图与资料，由一位熟知北京大街小巷的朋友任向导，我在京城东西南北转将起来。第一处，首选了宋庆龄的故居。因为名人故居中，除中南海之外，就数这里最气派。宋庆龄1968年迁入此院，到1981年逝世，在此生活了十八年。故居有着高大的门庭，是一处占地约30亩的院落。1982年这座故居刚刚开放时，我曾来过。那时，络绎不绝慕名

> 清光绪朝大学士崇礼宅第

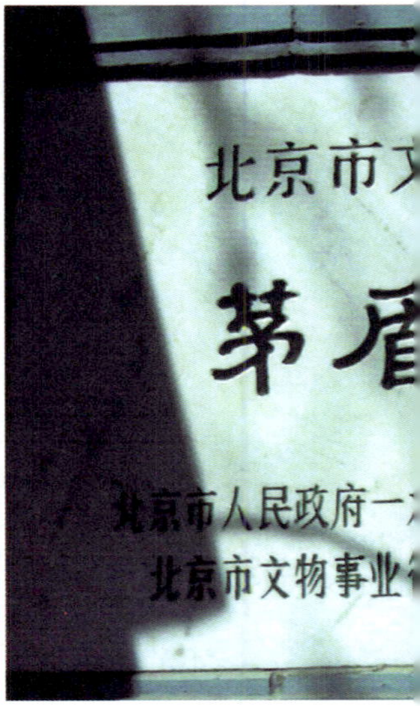

> 著名文学家矛盾故居

而来的参观者使此地煞是热闹，可如今已变成“门前冷落车马稀”的景象，若不是宋庆龄基金会的工作人员尚在此间活动，这深宅大院的空荡着实让人心生惶恐。

恰巧，我来造访的这天，正赶上北京春风劲吹，放眼望去，故居前的人工湖——后海里的湖水，俨然真正的海水般波涛翻卷，不由得让路人驻足，且让人心生疑惑：缘何如此澎湃？

从宋庆龄故居出来，不经意地拐个弯，一眼就发现了郭沫若故居。郭沫若的故居虽然比一般的院落要宽敞得多，但与宋庆龄故居相比，其气势和规模远不可及。毕竟宋庆龄的故居原是末代皇帝溥仪生父醇亲王的宅院，而郭沫若的故居只是清末恭亲王的草料厂和马厩。郭沫若1963年从西四大院胡同的一座二层小楼迁于此地，到1978年病逝，在这里度过了生命中的最后十五年。郭沫若故居1982年对外开放。这两处，均属国家级保护的故居。

看过郭沫若故居方知道，原来他的心魄是极大的，且相当不可一世。这从故居中陈列的1961年书写在扇面上的“自题诗”中即可看出，诗中写道：“有笔在手，有话在口。以手写口，龙蛇乱走。心无汉唐，目无钟王。老当益壮，兴到如狂。”郭沫若当年一家人的起居，都在前后相连的两个四合院里，整个陈列相当简朴。引人注目的是那些墨宝、古书以及郭沫若在“文革”中英年早逝的两个儿子的日记。整个故居颇为落寞，仅见我这个采访

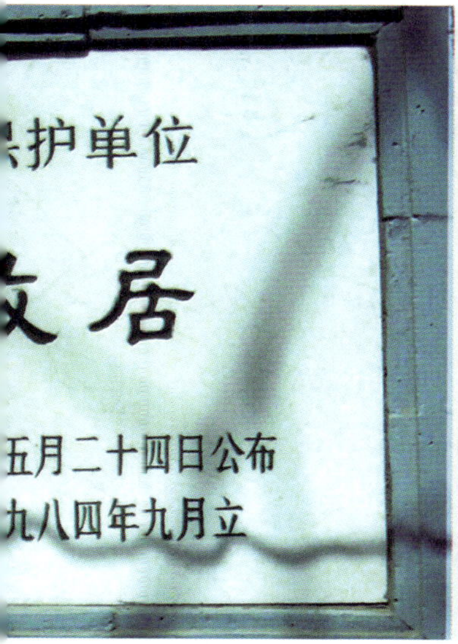

> 朱启钤（qián）曾为北洋政府政要，对北京城的改造做出重要贡献

的唯一参观者。

东行至灯市口丰富胡同19号，就到了头号京味大作家老舍的故居，十年前我曾随景仰老舍才华的日本人造访过。那时虽觉这套四合院的房屋已十分老旧，但院落中因尚有老舍夫人胡絜青和儿子舒乙他们居住，老旧中仍不乏生机。但今日至此，看到的却是大门紧闭、一派凋零的景象。敲门，无人应。门上贴有"危房！谢绝参观！"的告示。尽管已是浓浓春日，但屋门顶上的萋萋荒草却极其枯黄，院外墙皮也是一片斑驳。好心的街坊告知："因这房无法住了，胡老夫人和舒乙已经搬走，就剩老舍的大女儿在这儿看房了，平时不大在。"

驱车西行，来到梅兰芳的故居。这里因无取暖设备，在"冬眠"数月后，刚刚被春天敲开门。许是1994年"梅兰芳诞辰一百周年"和1995年"徽班进京一百周年"这两大纪念活动的余温尚存，梅氏故居里还能见到三两个稀落的参观者。故居里挂着印度大文豪泰戈尔、中国画坛大师齐白石、吴昌硕等人为梅先生所作的珍贵字画，据说因无钱复制这些珍品，所以不得不把原件常年挂在墙上蒙尘。

继续西进，进入齐白石故居所在的跨车胡同，胡同里的墙壁上到处是被圆圈画起来的大的“拆”字。推倒的土墙和残破的房屋清楚地昭示人们，此胡同将一去不返。可怜的齐白石故居正被这些残墙颓房所包围，一副摇摇欲坠的样子。墙上“齐白石故居”铜匾旁的那个“拆”字虽被抹淡，但字迹仍依稀可辨。我推门而入，看到院内的建筑拥挤而零乱，一片斑驳。资料上所写“北房三间是齐白石画屋，院内空地上种着白石喜好的葡萄、丝瓜、落花生、牵牛花”那闲雅的景致，早已面目全非。在院内见缝插针般建起的一间挂有“砚臼”的小屋里，见到了齐白石的孙子齐秉颐。面对“齐白石故居”的这般境遇，他显得颇为消极，“我们能怎么办？”这座占地204平方米的院里，现在住着八户人家，除了他以及他伯父、堂兄、姐姐这些齐氏后人外，还有几户外来者，都是“文革”时来此安营扎寨的，被人领来“你住这间，他住那间”，便莫名其妙地“扎”下根来。于是，这位国画大师的私宅变成了今天这样的大杂院。当“拆”字如胡同里的其他建筑一样被刷上这座故居的墙上时，齐秉颐“立此存照”后，一纸投到了《北京青年报》。后来，有关方面给予的答复是：“拆”字误写入其院墙上。齐秉颐送我出院时，我指着那已倾斜的院墙问：“两边的房子都被拆后，这院子更失去了依靠，若再不及时修整，岂不很危险？”他悲凉地点点头，一副无可奈何的样子。

除了齐白石的故居成了大杂院，我辛辛苦苦找到的不少胡同深处的名人故居，出乎意料地令我大失所望。虽然这些故居门墙上均在1986年前后挂上了市级或区级“某某故居”的铜牌匾额，但那一处处平民混居的大杂院，都程度不同地呈现出凋败不堪的暮日悲景。诸如毛泽东第一次来京时的住所、李大钊居住最久的地方、田汉故居、康有为故居、梁启超故居、蔡元培故居，让人看后，似乎只能留下一个强烈的印象：它们的消失时日无多。

此外，还有些名人故居，不是被后人住着，就是另作了安排。比如，叶圣陶故居、欧阳予倩故居、程砚秋故居都被其后人住着，院落保存完好，而纪晓岚故居已成了晋阳饭庄经营山西风味。

鲁迅写出《阿Q正传》的故居保留与否引出的争议，是此次我寻访名人故居的“导火索”。为此，似有必要在此多谈一下鲁迅的故居问题。1996年是鲁迅逝世六十周年，一方面，在鲁迅被保留下来的阜成门内宫门口西三条21号的故居旁边正热火朝天地建着一座较大的鲁迅博物

> 曾经堂皇的洋楼，现住着几十家房客

北京市东城区普查登记文物
梁实秋旧居
东城区文化委
编号：110101945190000155
二零一三年一月

> 梁实秋住过的四合院

> 这四幅图摄于“胡同张”展馆

馆；另一方面，针对鲁迅《阿Q正传》《风波》《故乡》《社戏》等小说的诞生地——新街口公用库八道湾11号这座破损和拥挤的大杂院有无保留价值而闹得沸沸扬扬。跑过这两个地方后，我感到两处所形成的反差极大，这反差并非仅仅表现在建筑的簇新与破旧上，更表现在人们对这两处地方做出的反应：八道湾11号受到了强烈关注，而西三条21号却受到了少有的冷遇。据说，鲁迅在京的故居还不止这两处，共有四处。而鲁迅的第一篇小说《狂人日记》的诞生地，并不在这两处内。那么，眼下一处“受关注”另一处“遭冷遇”的现象，说明了什么？说明人们期望这些有文化价值的地方继续存在下去。因为名人故居既是建筑遗产，又是文化遗产，它代表的是一段历史，历史一去不复。然而这些历史遗产应该如何存在下去，怎样才能让其真正发挥价值，显然还是一个没有解决的问题。总不能名人故居就这样不死不活地苟延残喘。

名人故居起死回生的出路何在?

据了解，目前的名人故居，都是由文物部门实行统一管理，既不允许民间涉足，又未引入市场机制。这就难免不出现资源匮乏、死水一潭的窘迫局面。近期，由于八道湾11号所引起的“故居震撼”，故居的出路问题也引发了有关方面的关注。看来，关键是怎样使故居得以“活”起来。

已成立八年的民间性组织——中国中外名人研究会，很希望能介入京城名人故居的保护、开发与利用上。据秘书长顾伯平介绍，经过多年的申请与努力，近期已初露曙光。顾伯平在接受记者采访时，谈到了他们的开发设想：因名人故居多集中在市区东城、西城两个地方，而且建筑风格差不多都是地道的四合院，只要把它们有机地串起来，便会形成颇具吸引力的京城旅游新景观——“名人故居·四合院一日游”。这种游，在文化意义上，对人物、建筑、装饰、陈设、收藏等都有涉猎，可有个综合性的规划，获益就不是单一的了。

这一想法，无疑是颇具文化和经济眼光的创意。设想一下：如果齐白石那些善画的后人在齐氏故居里当场作画，梅兰芳那些善唱的后人在梅氏故居演唱，老舍后人在其故居讲解京味文化……难道不是一项特别具有古都神韵、到北京不可不去的去处吗？（原载于1995年《大公报》）

>“新市区”建于1918年的西式房屋

中华民国的新市区

中华民国初年，推倒皇朝后国人甚是振奋，于是意气风发地大兴土木向西方看齐。那时京城四处开始修建西式楼房，在北京城南香厂路这一带，更是兴建了象征现代化的“新市区”：开辟了中心广场，建起中西合璧的东方饭店，仿照上海建造新世界游艺场，还盖了上海里弄式的楼房。

新世界游艺场位于香厂路，与前门大栅栏商业街很近，北靠“八大胡同”和琉璃厂文化街，东距天桥一箭之遥。它有五层，外形像一艘轮船。人们俗称其为“大世界”。1918年农历正月初一开业，成为继北京饭店和六国饭店后，安装电梯的首个娱乐场所，场内采用通票制，购票后各层随意游玩。一

> 老北京新世界游艺场（资料图片）

层是剧场和菜馆等；二层是电影院、茶屋、商场和杂耍场；三层是照相馆和说书场；四层是屋顶花园、咖啡馆、番菜馆和大菜雅座间；五层的屋顶花园是南城制高点，是品茗赏花、远眺京城景色的最佳所在。1928年，迁都南京后，“大世界”生意一落千丈，不久便闭门谢客。该建筑于改革开放后的八十年代初被拆除。

即使现在徜徉在城南的香厂路、仁民路、华严路这三条平行马路上，你仍会发现不少中西合璧的老建筑，有的甚至还残存着老商号的广告。走在大川胡同、仁寿路、板章胡同里，依然能够从那些老门楼、老建筑、老铺面房、老字迹上看到它昔日的辉煌与繁华。

泰安里是仿上海石库门里弄建造的二层砖木结构，由有独立天井小院的楼房

> 泰安里仿效上海石库门的建筑

组成。六幢建筑通过一条小巷分为两排，巷口通向仁寿路，巷口有过街楼相连，六幢建筑的六个楼门，相对通向小巷。整座建筑用青砖砌成，窗外有窗套，楼门加雕饰，具有西洋风格。进入楼门，呈现在眼前的是一座天井。天井的西北角有楼梯通向二层，二层有回廊通向各屋。这幢中西结合的民国建筑遗存，目前展示在人们眼前的是它辉煌后的凄美。

> 此建筑的二楼有回廊通向各屋

> 清末使馆区的邮电局

东交民巷简史

东交民巷原名江米胡同。元代时，曾是控制漕运米粮进京的税务所和海关，因而成为南粮北运的咽喉要地。明代时，将江米巷截断成为东江米巷和西江米巷。在东江米巷设有六部中的礼部以及鸿胪寺和会同馆，因主要接待安南、蒙古、朝鲜、缅甸四个藩属国的使节，因而会同馆又称“四夷馆”。清代，会同馆改名“四译馆”，允许外国使节在此居住四十天。

1860年，清政府与英法签署《天津条约》，允许在北京设立使馆。1861年，英法两国公使进入北京，在距紫禁城仅千余米的东交民巷率先设立使馆。之后，俄、日、美等各国也陆续在这里设馆。1900年爆发“庚子国变”，义和团围攻使馆。同年8月14日，八国联军入侵北京。1901年东交民巷改为使馆界，英、美、法等11国在巷内成立联合行政机构，其后开设了“美国花旗银

静园川菜

行”“法国东方汇理银行”“英国汇丰银行”“日本正金银行”。此外还开设了教堂和医院。

中华民国建都南京后，1928年后各国使馆先后迁往南京，东交民巷旧址原样保留。1949年后，这里作为新中国使馆区，民主德国、匈牙利、缅甸等国使馆沿用了这里旧有的建筑，直到1959年迁往朝阳门外三里屯的第一使馆区。

“文革”期间，东交民巷被改为“反帝路”，很多西式风格建筑遭到破坏。改革开放后，在北京大兴土木建设的过程中，东交民巷建筑亦受冲击，汇丰银行、怡和洋行、德华银行、俄罗斯馆旧址等先后被拆，日本使馆旧址被北京市政府占据。现在东交民巷街上兴建了不少现代建筑。

1900年义和团起事，首攻目标即东交民巷。清军助义和团围攻东交民巷使馆区，前后共56天。8月14日，北京城被八国联军攻破，使馆围攻解除。慈禧太后带光绪皇帝出逃西奔。第二年，清政府和西方11国签订《辛丑条约》，第七款规定“中国人，概不准在界内居住”。

> 这些楼宇仍保留着 20 世纪初的西洋建筑风格

> 东交民巷里的教堂

老北京金融街

旧时，东交民巷是使馆街，西交民巷则变成了金融街。当时东交民巷外资银行聚集，有中法工商、汇理、花旗、美国运通、麦加利、汇丰、德华等家。西交民巷中资银行众多，有大陆银行、金城银行、北洋保商银行、中央银行、中国农工银行、中国石化银行、国华银行等。这一带曾是一条有着百年历史的银行老街。

1928年6月，南京政府“二次北伐”赶走了盘踞北京的奉系军阀张作霖，取消北京作为北洋军阀政府首都的地位，将北京降为“北平特别市”。此后北洋政府各部纷纷迁往南京，与南京政府合并。东交民巷的各国使馆也迁至南京。中国的金融中心则转移到了上海。

清末民初时，中资银行里，大清银行最为著名。大清银行是中国历史上最早的中央银行。大清银行原名户部银行，成立于1905年9月27日（清光绪三十一年八月二十九日），设于西交民巷“巡视中城御史”衙署原址。1912年1月中华民国临时大总统孙中山在南京宣布将大清银行改组为中国银行，中国银行北平分行在大清银行旧址办公。1928年民国政府建立中央银行，1931年中央银行在西交民巷30号设立北平办事处。1949年2月，北平解放后，中国人民银行总行进驻前大清银行旧址。1969年，总行迁往三里河财政部大楼，大清银行旧址成为银行职工宿舍。“文革”后，为扩建宿舍，将大清银行的老式洋楼拆除。大清银行旧址地下有二层金库，非常坚固，费了九牛二虎之力才得以拆除。如今，在当年的户部——大清银行旧址西交民巷27号院，门口的两座门柱下还残存着清代遗留的雕花石墩。

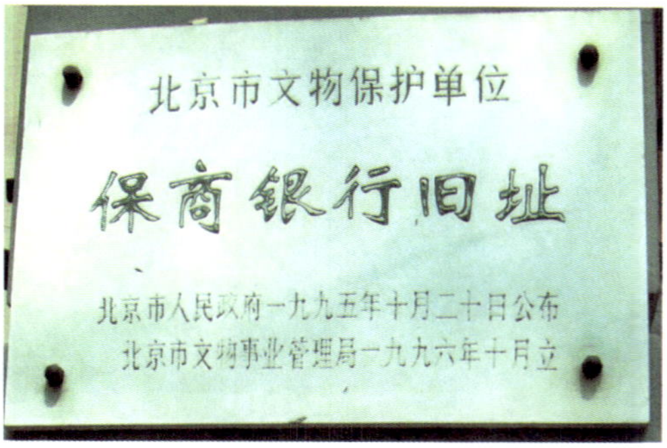

> 老银行建筑

民国时期的教育

民国时期，北京的大中小学教育发展可观。中华民国政府成立了教育部后，对旧式教育进行全面改造，停用清政府颁行的旧教科书，编印新教科书，在小学实行男女生同校，确定新学制。初等教育分为初等小学和高等小学两级，中等教育为四年制中学，高等学校有大学和专门学校，还设有各种师范学校、实业学校。1922年学制改为小学六年，初中、高中各三年。1920年各小学的教科书废除了文言文，一律改为白话文。1928年北京改为北平，不再是首都，但变成了一座文化城。

位于西单新文化街的鲁迅中学，原为“国立北平女子师范学校”，鲁迅1923—1926年曾在此执教，并结识了参与“女师大风潮”的学生许广平，后娶为妻。鲁迅著名的文章《纪念刘和珍君》，写的是在“三·一八”惨案中不幸牺牲的两位学生刘和珍和杨德群。该校1996年改名为“鲁迅中学”。

> 原国立北平女子师范学校

> 原高等师范学校附属中学校

北师大附属中学原为1901年11月2日成立的五城学堂。1902年，顺天府尹堂和五城察院筹拨2800两银，为学堂购置图书，更名为五城中学堂。1904年，学堂议定新章，加强对学生的全面考核，即勤学分、汉文洋文分、体操分三门各立一册。1912年奉南京临时政府教育部令，五城中学堂改名为“高等师范学校附属中学校”。

> 原辅仁大学

1921年，北师大附属中学增设女子部，是全国中学男女同校之始。1922年，学校进行学制改革，改为初中三年，高中三年。

1937年"七七事变"后，部分师生随师范大学内迁西安，改称"西北临时大学高中部"。翌年迁至陕南古路坝，改称"西北联大附中"。1938年北京的附中划归国立北京师范学院，名为"国立北京师范学院附属中学"。

1949年，北平市军管会文管会接管北平师范大学及其附中。同年9月，北平改称北京，学校也相应改为"北京师范大学"。

辅仁大学的前身是清皇族英敛之（英达曾祖父）于1913年创办的辅仁社，1927年升格为辅仁大学，实为一座天主教大学。

辅仁大学校址原为涛贝勒府，1930年在府邸花园内建起中西合璧式的辅仁大学新楼。新楼正门为汉白玉大拱门，混杂使用中国古建筑手法：绿琉璃屋顶、汉白玉须弥座。

在20世纪初的北平，辅仁大学曾与北大、清华、燕京并称北平四大名校。对辅大的校风，北京当时有句顺口溜：北大老，师大穷，唯有清华可通融，辅仁是个和尚庙，六根不净莫报名。

1937年日军攻占北平后，北大、清华、南开等高校南迁，另组西南联合大学。辅大因与罗马教廷的关系，仍在炮声隆隆中正常招生。校方同时联络平津其他国际性教育团体，达成了在日占区内共同遵守三项原则的决定：（一）行政独立；（二）学术自由；（三）不悬伪旗，以示不屈。1942年，教授英千里（英达祖父）与学生多人因秘密组织抗日活动被捕入狱。

由于辅大是北京唯一不受日本控制的大学，故沦陷区青年莫不以考入辅大为荣。1945年8月日本投降后，国民政府基于辅大师生抗战期间孤立于敌占区仍顽强不屈办学的事实，除明令嘉奖外，还破例追认北平沦陷时期的辅大学生之学籍。1951年新政府接管辅仁大学，后把它并入北京师范大学。

> 原北平市立第二中学

第二中学
为实现理想走进来

“梁陈方案”

> 梁思成与林徽因 （资料图片）

1949年12月，在北京市政府主持召开的城市规划会议上，苏联专家提交了一项规划方案，其总体思路是以天安门广场为中心，拆建出一座首都行政中心。梁思成闻之表示反对。1950年2月，梁思成和曾留学英国的建筑家陈占祥一起提交了与苏联专家观点不同的《关于中央人民政府行政中心位置的建议》，即著名的“梁陈方案”。他们提出，在旧城西直门外建设一座新城，把旧城整体留下作为中国的城市博物馆，新城建成新中国的政治心脏，然后用一条便捷的东西主道连接新旧二城。

梁思成对古城墙设想得很浪漫，他说：“城墙上面，平均宽度约十米以上，可砌花池，栽植丁香、蔷薇一类的灌木，再安放些圆椅。夏季黄昏，可供数十万人纳凉休息。秋高气爽时节，登高远眺，俯视全城……还有城楼角楼等可辟为陈列馆、阅览室、茶点铺。这一带环城的文娱圈和立体公园，是世界独一无二的……”

> 从前门远眺北京中轴路：前门瓮城、中华门、千步廊原样存在（新中国成立前）（资料图片）

1953年5月，北京市开始酝酿拆除牌

> 修葺后的四合院尽量保持老北京建筑的独有特色

楼，北京市副市长吴晗承担解释拆除工作的任务。梁思成力争四朝古都留存的牌楼街不能毁于一旦，结果与做解释工作的吴晗发生激烈争论，梁思成被气得当场失声痛哭。不久后，在一次文化部邀请文物界知名人士在欧美同学会聚餐时，梁思成夫人林徽因亦与吴晗发生了一次面对面的冲突。

1957年，伴随着“反右”运动的劲风，北京古城墙也被热火朝天地拆除着。一天，梁思成进城去看炮声轰轰的城门，发现地安门没有了，广安门也消失了，听说正在拆广渠门，他急忙赶去，却发现只剩下一个城台和一个门洞。这时，梁思成泪流满面。

白塔寺传奇

白塔寺本名妙应寺，是元朝第一个皇帝忽必烈敕令建造的一座喇嘛塔。1368年的一场大雷火，使寺院所有的殿堂被烧毁，唯独白塔幸免于难。

清代中后期，寺庙的僧人出于经济原因，将部分配殿和空地向社会出租，使此地逐渐变成当时北京城的著名庙会之一，逢年过节，这里热闹非凡。老北京时，民间有“八月八，走白塔”一说，就是到那里去吃喝购物。

1900年，八国联军攻占北京后，曾经冲进妙应寺，将一些法器和供器抢跑。1966年“文革”开始后，寺内大量文物或遗失或损毁，喇嘛都被遣散出去，寺内院落纷纷被机关单位占用，白塔寺的大门和钟鼓楼被拆改为商场。

1997年，北京市政府决定“打开山门，亮出白塔”，拆除商场，重修山门和寺内建筑，于1998年重新开放。

老北京人有到妙应寺转塔祈福的习俗，至今仍能有看到一些善男信女虔诚地绕白塔而行。每年的10月25日（即白塔落成日），寺内的喇嘛都会绕白塔一周，诵经奏乐，引得众人摩肩接踵前来观看，场面十分热闹。

白塔寺位于西城区阜成门内大街路北，寺内白塔是中国现存年代最早、规模最大的喇嘛塔。

兔儿爷传说

中秋供奉“兔儿爷”，是老北京的独特民俗。传说北京城曾闹过严重的瘟疫，病死很多人，和嫦娥一起奔到月宫捣药的玉兔知道后心里非常着急，就偷了仙药降到凡间，不辞辛劳跑遍整个儿北京城给人们治病，最后瘟疫被制服了。从此，老北京人把玉兔视为神仙，每到农历八月十五那一天，家家户户都供奉“兔儿爷”，有的还配上“兔奶奶”。

“兔儿爷”是泥做的，大都披挂铠甲，骑虎的较为常见。这种民间习俗亦传入宫中，皇家也按民间习俗供奉兔儿爷。清末徐柯在《清稗类钞 · 时令类》中写道：“中秋日，京师以泥塑兔神，兔面人身，面贴金泥，身施彩绘，巨者高三四尺，值近万钱。贵家巨室多购归，以香花饼果供养之，禁中亦然。”

2009年9月15日，“兔儿爷”被北京非物质文化遗产保护中心确定为中秋“形象大使”。形象大使“兔儿爷”由清华大学美术学院教授吴冠英设计，吸收了北京传统“兔儿爷”造型元素和风格，头部为人眼，卷云状眉毛，人鼻、兔唇，头戴金黄色中国古

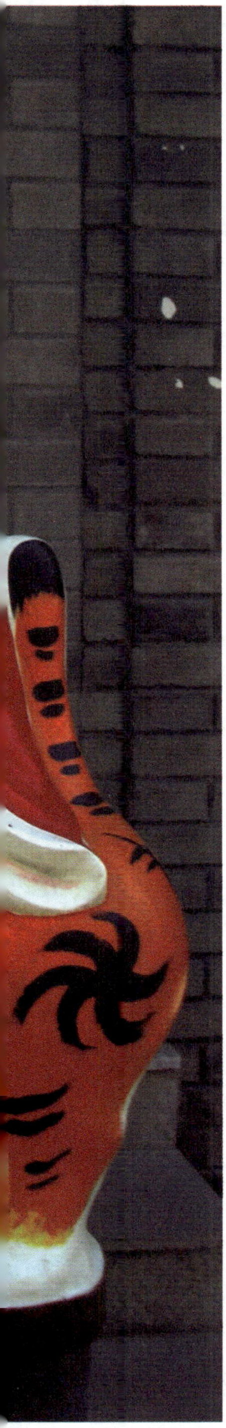

代武官帽，帽顶上有两个象征兔子特点的长尖形耳朵。右肩为武士的护肩铠甲，身着饰有蓝色山水图案的红色长袍，脚穿官靴，左手扶腰带，右手握捣药槌，全身站立造型。吴冠英还是2012年兔年邮票设计者。

兔儿爷儿歌

八月十五月儿圆，兔儿爷家住月里面。

兔儿爷，别婵娟，走向大地显灵仙。

采百草，做良药，去病除灾保平安。

月饼圆，苹果鲜，西瓜切成花口莲。

毛豆枝，九节藕，我把兔儿爷供中间。

迎中秋，记感恩，家家团团又圆圆。

兔儿爷歇后语

“兔儿爷掏耳朵——崴泥”

“兔儿爷折跟头——窝了犄角”

“兔儿爷拍心口——没心没肺”

“兔儿爷洗澡——瘫啦”

“兔儿爷打架——散摊子”

“兔儿爷带胡子——假充老人儿”

“兔儿爷的旗子——单挑”

“隔年的兔儿爷——老陈人儿”

part 5

第五部分

胡同别韵

八大胡同

清朝时，内城犹如一座军事城堡，满城都是八旗兵。内城不许开商店，不许开旅馆，不许开戏园，所以娱乐中心、商业中心统统迁到外城。久而久之，前门和崇文门一带逐渐形成当时北京最大的商业中心区，宣武门外则发展成为士人官宦的聚集区。从地理位置上看，后来形成的八大胡同就在大栅栏商业区和宣南人居住区的交叉地带。

当时的戏园子集中在大栅栏，演员们进京要有住处，要有吊嗓子的地方，还要离戏园子、剧场近，所以就选在了大栅栏以南、新华街以东的八大胡同一带。200多年前，徽班进京就住在八大胡同的韩家潭、百顺胡同一带，此后四喜、春台等戏班相继来京，住八大胡同的百顺胡同、陕西巷和李铁拐斜街。所以老北京有句俗语：人不辞路，虎不辞山，唱戏的不离百顺、韩家潭。可见八大胡同与戏曲的渊源。

“相公”一词也是由戏曲活动产生的。“相公”是男娼，也有叫“小娼”“小手”的，后来称“像姑”，意即像姑娘，最后谐音为“相公”。清朝时，禁宿娼但不禁狎优伶，于是梨园界男色大兴，找“相公”成了时尚。宣南的士人也好，商人也好，看中哪个“相公”，演完戏就请他喝茶、吃

> 花柳巷专用的木檐

> 83岁的李英老人生长于百顺胡同

李英老人回忆说：八大胡同里，陕西巷、胭脂胡同、百顺胡同、韩家潭为上品四胡同，妓女均来自南方，经营者也是南方人。石头胡同、朱家胡同、牛家胡同、燕家胡同是下品胡同，妓女多来自北方，经营者也是北方人。当时，光百顺胡同就有十来家窑子。日本占领时期，韩国人在百顺胡同及其周边开有六家窑子。胡同里有酒馆、绣花铺、饭馆、杂货铺等。

饭，慢慢发展成同性间相互爱慕的关系。根据各类文本史料记载，八大胡同曾是男妓的最大聚集地。民初，北京梨园公会上书北京当局，要求取缔狎优伶之风。此后，“相公”一词成为历史。

清末，朝廷禁令渐渐松弛，妓院纷纷开始出现，男色风气渐落，不仅是达官显贵，伶人也开始狎女妓了。清光绪庚子年后，经官方许可开设的妓院共有300多家，分一等、二等、三等、四等。一等妓院也叫“清吟小班”，以喝茶、宴饮、填词弄曲为主。一等小班居室内陈设华丽，有的还挂有社会名流的题字和书画挂屏，或者妓女本人的彩色大幅照片。小班的妓女，多有些小性子，也不轻易应人，嫖客必须与妓女相识一段时间后才能在妓院过夜。若是小班内的“清倌”，更是价值千金。嫖客除了经

> 八大胡同中，仅朱家胡同拐口处存有一家旧时窑子的门匾“临春楼”。

常给清倌买衣料、皮货、珠宝、翡翠等物品外，还需花钱买通老板、领家、佣人、伙计，等到钱花到一定程度时，老板和领家才会开出很高的价钱，把清倌卖身与他。二等妓院叫茶室，设施跟一等小班差不多，但没有红绿彩绸，也很少有点串灯的。妓女从年龄、姿色、身材、服饰等都比一等小班逊色。三等妓院称下处。比起二等茶室，更为简陋，房子一般又矮又破，室内陈设粗糙，茶具桌椅都十分普通。四等妓院叫土娼或小下处。这些妓院房屋更加简陋、破旧，妓女们容颜衰老，衣着平常，只能靠涂脂敷粉招徕生意。

八大胡同的妓女有“南班”和“北班”之分。“北班”相当一部分来自旗人，相貌姣好，但文化不高，算是北妓中很出风头的。“南班”妓女主要来自江南，有才有色，更解风情。

民国初期是八大胡同的鼎盛时期。民初，军阀割据，战争不断，水旱饥饿流行，很多年轻女子被迫堕入娼门。民国二年，参、众两院成立，有许多幕后阴谋和派系斗争，都在八大胡同商议和接洽。议员们在这几条胡同的班子里都有各自的相好，有的议员为周转各种政事，每日要到班子里数次，八大胡同成了涉及政治的特殊社交场所。袁世凯复辟帝制、筹安会的秘密活动、贿选国会议员等重大政治事件，无不与八大胡同关联。

> 当年百顺胡同里的韩国窑子

名妓赛金花的传奇人生

赛金花，原名赵彩云，约1872年生于苏州，幼年被卖到苏州的“花船”上为妓。清前科状元洪钧回乡守孝时，对雏妓彩云一见倾心，遂纳为妾。当时洪钧48岁，彩云15岁。不久，洪钧奉旨出任驻俄、德、奥、荷四国公使，其原配畏惧华洋异俗，不肯前往，于是彩云随洪钧出洋。1894年，洪钧病故后，彩云在送洪棺返苏州途中，潜至上海为妓，改名“曹梦兰”。后至天津，改名“赛金花”，后又移居北京石头胡同。

庚子事变后，八国联军进北京，又奸又抢。赛金花因粗通德语，并拿出当年她同德国皇帝皇后的合影，得以接近八国联军总司令瓦德西。在她的游说下，八国联军同意议和。辛丑和议成功，赛金花立下汗马功劳。因此京城人对她多有感激，称之为“议和人臣赛二爷”，民间还称她为“护国娘娘”。不过，学界对此有争议。

赛金花晚年生活穷困潦倒，1936年11月4日病死于北京居仁里胡同的一所小院，那是靠近天桥的贫民窟，那年赛金花62岁。赛金花死后，京城名流又想起赛金花来，纷纷捐款捐物，让赛金花热闹安葬。

> 宣武区榆树巷 1 号是赛金花曾经坐堂的妓院，现为数十户人家居住的拥挤大杂院

> 当年高级妓院，现为大杂院

蔡锷与小凤仙

> 蔡锷和小凤仙（资料图片）

1915年夏天，30岁的蔡锷在妓院结识了年方16岁、容貌与弹唱俱佳的小凤仙。小凤仙生于杭州没落满族武官人家，14岁父母双亡后落入风尘。小凤仙与蔡锷相处的日子里，逐渐察知蔡锷怀有远大抱负，痛恨袁世凯倒行逆施，情愿冒杀头之险助蔡将军逃出袁掌，回云南举兵反袁。两人许愿功成之后，身结良缘。

然天不从人愿，蔡锷于1916年11月6日出任四川督军兼四川省长不久，身患喉癌，医治无望，于1917年11月8日故去。当蔡锷灵柩从日本运抵上海后，

> 陕西巷是当时八大胡同里的高档社区，小凤仙即存身于此

小凤仙托人送上挽联：不幸周郎竟短命，早知李靖是英雄。据说，在北京中央公园举行蔡锷公祭时，小凤仙乘坐白马素车，身穿蓝布长衫，步入灵堂，向蔡锷遗像恸哭并三鞠躬。后来，小凤仙搬出八大胡同，离开北京到天津，改换名字，替有钱人家做手工活计。再后来与奉系一王姓师长结婚，转到沈阳长住。丈夫死后，小凤仙改名张洗非，经历了解放后的生活。据说，五十年代中期，年近60岁时病死于沈阳。

形似“妓院”的老西单饭店

位于前门和琉璃厂之间的“老西单饭店”，现在是一家普通旅馆。但其建筑格局和内部装饰很是活色生香，色彩斑斓的高大厅堂和木梯回廊式的独立单间，常常使初来乍到者误以为踏入了昔日的高级妓院。据说，有些影视剧的妓院镜头就在此拍摄。

西單飯店
甲申閏四月
張中英書

三寸金莲

胡同里，以前有很多小脚女人，现在已经基本上看不到地地道道的小脚老太了。有时在胡同里逛，倒还能撞见缠过足的“解放脚”老太太在露天晒太阳。

曾经，胡同里那些戴着红袖章无所不管的“小脚侦缉队”，是北京一支著名的生力军。现在，这支生力军还在，只是老太太们的脚越来越大，再也看不到过去的“三寸金莲”景观了。

说起缠足，民间有说：三寸金莲里藏着一部中国历史。缠足到底始于何时，无史可考。有说是源自五代时南唐后主李煜的嫔妃。李后主多才多艺，十分感性，他为那些美丽温柔、能歌善舞的嫔妃们制作了高六尺的金莲，用珠

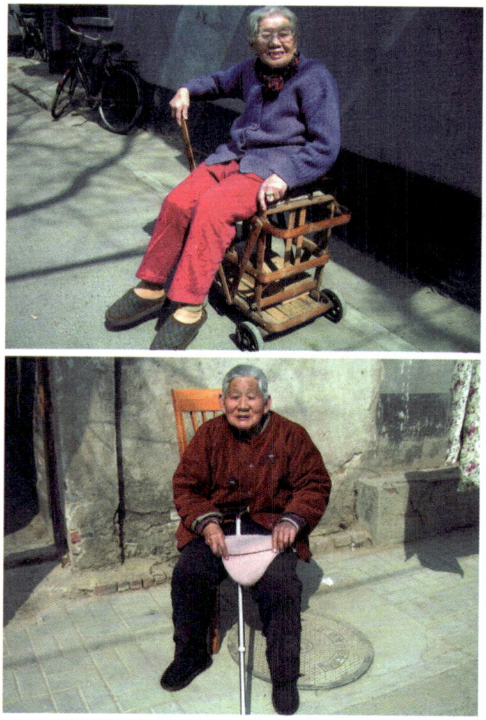

> 这两位老太太早年分别来自河北和山东，其缠过的脚后来被放开，故称“解放脚”。

宝、绸带、缨络装饰，命宫嫔娘娘以帛缠足，使脚纤小屈上作新月状，再穿上素袜在莲花台上翩翩起舞，从而使舞姿更加优美，李煜称其有凌云之态。其后缠足之风由宫廷传入民间，缠足之风大盛，汉族女子除客家女人外几乎都缠足。

女孩一般在五六岁时开始缠足，用长布条将拇趾以外的四个脚趾连同脚掌折断弯向脚心，形成“笋”形的“三寸金莲”。这都是在长辈的逼迫下进行的。母亲和祖母不顾女孩的眼泪与喊叫，以为只有这样她们将来才能嫁出去。

中华民国时期，缠足基本得到抑制，上世纪二三十年代，缠足才基本消亡。所以现在胡同里，即使还偶有缠过足的老太太，至少也在百岁上下了。

北京当铺小史

史料记载，我国典当业从南北朝时期延续到解放前，历时一千五百余年，鼎盛时期是明清两朝。明代中期，北京典当业的经营者多为安徽徽州商人。到明末清初，北京一带的当铺几乎全部为山西人所经营。

老北京时，最神秘的行业要数当铺：牢狱式的大门，一人多高的柜台，典当人站在下面看不见柜台上边，阴声慢气的营业员，鬼符般的当票，还有韵白式的报账和快书连珠调式的叫号，给人一种进入古墓面对幽灵的感觉。

典当业内部组织与其他行业有所不同，经理称为“当家的”，下面有“头柜”“二柜”，一般作价和看货都要经他们之手，管库人称为“包袱褡”或“朝奉”。

当票上印有蓝色模糊字迹，用以防伪，上面填写当物名称和当价时，用当铺独创的当字谱，这是一种异于一般字体的写法，犹如行书、草书，亦有部分象形、谐声字，会根据需要去繁就简，如“衫”写“彡”，“袄”写“夭”，“棉”写“帛”，“皮袍”写“毛夭”。当铺中，负责写当票的仅准一人，徒弟要经过十年甚至二十年的训练才能出师写票。由此一来，当票

> 老当铺“万庆”牌匾

> 东四门楼胡同整修后的老当铺（摄于 2009 年）

是否伪造，写票人一看即可辨明。

乾隆年间全国共有大小当铺18075间，和珅在京城就开设当铺75家。到清中期，朝廷虽然提出“官不与民争利”，禁止官员经商，但允许内务府开官家当铺，因此官员和太监与京帮的当铺主结成了利益共同体，一起以钱生钱。

> 琉璃厂附近整修后的老当铺

京师当铺发达，主要是京城朝廷高官多，富商多，举子云集京师参加科举考试时，因所带银两不够，往往将随身携带的贵重物品交当铺以换现银。当年在士子们集中的贡院附近，出现了开设多家当铺的“顶银胡同”。另外许多来北京述职、觐见的封疆大吏，他们除在京消费外，要到各处应酬打点，所带银钱不敷周转时，免不了求助当铺。

北京东直门内到北新桥一带，曾有一个“当铺胡同”，乾隆时期的《京师全图》还绘有该胡同，民国间始定名。六十年代当铺胡同并入东手帕胡同，“当铺胡同”之名亦废。

当年，当铺有皇当、官当和民当，亦分活当与死当。

庚子年间，京师曾出现抢当风潮，当八国联军兵临京师城下、慈禧逃走的前后，京师几乎所有的当铺均遭厄运。庚子洗劫后，随着慈禧和光绪还朝，北京当铺又逐渐恢复到200多家，其中还有山西商人所经营的山西屋子。民国初年，新兴四号全部经营10家以上当铺，并把山西屋子挤出了北京。

1931年“九·一八”事变，日本占领北京后，货运受阻，物价跌落，当铺存货多卖不出原当价格，造成亏损。日本投降后，物价飞涨，北京的当铺陆续倒闭。这时，外行人也乘机往里挤，或寻觅内行人组织开业。当铺是限制行业，规定以金额为计算单位，不能以某种实物或几种实物为计算单位，利率也有定额。它只能在物价大体平稳中生存，一般意义下的通货膨胀或银根紧缩对它都不利，所以那时的当铺生存也很艰难。

北京的穆斯林

> 牛街清真寺的阿訇们

新中国建立后，当铺随即消失。1987年重新恢复典当业。现在典当行成为一些人融资、理财的方式和方便生活的手段：资金短缺时用以解燃眉之急，外出度假时充当贵重物品“保管箱”。

历史上，北京曾是诸多少数民族争夺统治权的舞台。在过去近千年中，来到北京的少数民族，有的回迁了，有的融合了，有的消失了，使得一些民族只在历史上留下名字而不复存在。但从远地而来的回族却是个例外，迄今不仅未回迁、融合、消失，反而在北京形成最大的少数民族。

回族早年从中东波斯而来，因眼睛呈灰色或其他颜色，故被称作色目人。北京回族地位最高阶段乃元朝统治时期，那时他们地位仅次于蒙古人，在汉人之上。元朝把中国人分为四等，一等蒙古人，二等色目人，三等北方汉人，四等南方汉人。

据胡振华主编的《中国回族》一书介绍：回民大量涌入北京是在元代，相传当年大都城内有清真寺30多座。到了明代，随着明初大量从南向北移民，回民也越聚越多，据说北京回族中，任、沙、刘、李、马、金、霍等姓的祖籍大多在南方。明代实行军人屯垦，军人被限制在一定范围内，回民军人在屯垦中聚族而居，就形成后来的“回回营”。北京有些回民的姓氏堂号，能表明其来源，如西门刘家（即指南京水西门刘家）、大同马家、泊头曹家、韦河张家、沧州刘家和陈家、陕西古家……从中可知北京回民是来自四面八方。清初，为“拱卫皇居”，把内城的汉人和回民统统迁到外城。但到康熙年间，有钱的回民又迁回内城。

康熙中期以来，北京回民聚居分布大致如下：位于宣武区的牛街，是回民居住最集中的地区，有回民约四万人。解放后，历届区政府都有回民区长，牛街附近还有回民医院和回民小学。回民多从事商

业，特别是珠宝业，其中不乏殷实富户。朝阳区是回民人口较多的一个区，但居住分散，较集中的地方有朝阳门外关厢、南中街、上坡、下坡等处。自朝阳门一直向东，通向通州的接壤地带，有很多回族乡镇，如长营回族乡、管庄、杨闸、西会、万子营等。西城区的德胜门外一带为回民密集的地方，过去这里的回民多从事骡马行业，阜城门锦什坊街及三里河等地回民也较多，著名的锦什坊街清真寺——普寿寺即在此。东城区则有著名的东四清真寺，其他回族聚居区有豆芽菜胡同、安定楼门外关厢和东直门外二庄等，这几处都建有清真寺。海淀区的马甸也是北京回族居民密度最大的聚居区之一，有规模宏大的马甸清真寺。过去的马甸羊栈林立，是北京最大的羊只集散地。当地回族多从事“羊行”。此外尚有海淀街、四王府、蓝靛厂、安和桥、清河、树村等处，也都是回族聚居的地方。远郊区县回民密集的村镇，以通州和大兴两区回族人口较多。通州回族的分布有通镇、马驹桥、于家务（回族乡）、张家湾、枣林庄、西关、岱头等处。大兴的回族聚居点有黄村、西红门、朗各庄、薛营、东白塔、崔指挥营、佟营、留士庄、礼贤等处。其他如昌平区的西贯市、小辛庄、牛栏山、沙河等处都是回族聚居的乡镇。此外还有顺义区的回民营、高丽营，丰台的丰台镇、长辛店、南苑等处。

1990年第四次全国人口普查，北京市共有回族人口20.7万人，近郊15.2万人，远郊区县为5.5万人，回族人口是北京市55个少数民族中人口最多的一个。

前门今昔

前门大街位于京城中轴线南部，以前称正阳门大街。因正阳门是京师正门，故此大街比其他城门大街宽。明嘉靖二十九年（1550年）建外城前，该门是皇帝出城赴天坛、山川坛的御路，建外城后为外城主要街道，大街长1600米，行车道宽20米。明、清至民国时皆称正阳门大街，民众俗称前门大街。1965年正式定名为前门大街。明代前门大街是正东坊和正西坊的分界线。

明朝时，北京城突破了元代所遵循的“前朝后市”定制，在正阳门及其周围形成了大商业区。明嘉靖以后，各省市在京做官的人为了解决进京应试举子的住宿问题，在前门大街两厢建立了各地会馆。举人们常到前门大街来购买生活用品或饮酒作乐，这样也促使前门大街成为一条繁华的商业街道。

> 20 世纪初的前门大街（资料图片）

清初，东城的灯市挪到前门一带。为了维护皇权尊严，戏院、茶园、妓院只准开设在城外，于是前门大街较前又有了进一步的繁荣。清朝时，大街两侧陆续形成许多专业集市，如鲜鱼市、肉市、果子市、布市、草市、猪市、粮食市、珠宝市、瓜子市等。附近胡同随之又出现许多工匠作坊、货栈、车马店、旅店、会馆以及庆乐、三庆、华乐等戏园。不仅大街两边形成了东、西侧房，街后再有里街的三条街。东侧里街为肉市街、布巷子、果子市，西侧里街为珠宝市、粮食市。前门外正街的店铺创立时间大部分晚于里街的店铺，路东有全聚德烤鸭店、便宜坊烤鸭店、会仙居炒肝店、永安堂药铺、黑猴帽店、都一处烧麦馆、正阳楼饭庄、九龙斋鲜果店、通三益干果海味店、正明斋饽饽铺等。路西及西里街有永增和钱庄、瑞蚨祥绸布店、天蕙斋鼻烟店、同仁堂药铺、六必居酱园、一条龙羊肉馆等。北京著名的“大栅栏儿”商业街也在其中。

清末，前门大街已有夜市。光绪二十七年（1901年）后，在前门箭楼东、西两侧设立了前门火车站，前门大街成为北京同外省联系的交通枢纽。

> 21 世纪初的前门大街

前门大街有许多中华老字号，如六必居酱园、同仁堂药店、瑞蚨祥绸布店、长春堂药店、内联升鞋店、张一元茶庄，还有月盛斋酱肉店、都一处烧卖店等16处老字号分列道路两侧。20世纪50年代初，前门地区共有私营商业基本户800余家。近年前门大街重修再开后，一片簇新，老字号因无法承受高额租金而纷纷流失，国内国外各种品牌混搭致使特色不再，虽参观的人流多但购物的客流少，令这条大街的商家亏损严重。前门大街今后的路怎么走，目前还在争论。

> 前门大街的五牌楼（资料图片）

> 前门大街的新五牌楼

古色古香大栅栏

大栅栏地处老北京中心地段，位于前门大街的一条胡同里。它经过500多年的沿革，发展为店铺林立的商业街。“大栅栏”不能按字典音读，北京人说大栅栏，读作“大石烂儿”。

大栅栏起于元代，建于明朝，繁盛于清代。1900年八国联军曾一把火将整条街付之一炬，清末民初重建，所以大栅栏里有不少中西合璧式建筑。大栅栏的名称源于乾隆十八年。相传，为治理京师社会治安，北京各条街巷门口都设置了木质栅栏，晚间设卡关闭，以防夜贼。到清朝末年，北京各街道胡同共修建了1700多座栅栏。其中廊房四条因商贾云集，有钱人出的钱多，所以修建了体格硕大的栅栏，久而久之大栅栏就取代廊房四条成为这条街道的正式名称。光绪二十五年，大栅栏发生火灾，木质栅栏被烧毁，从此大栅栏没有栅栏而只存其名。2000年，北京市政府在大栅栏街口修建了铁艺栅栏，使

> 大栅栏西街的京华客栈为意大利式小洋楼

大栅栏名副其实。

老北京有句顺口溜，叫作“看玩意上天桥，买东西到大栅栏”。另外老北京形容当年大款穿戴的名牌，“头顶马聚源，脚踩内联升，身穿瑞蚨祥，腰缠四大恒”，其中前三大品牌都在大栅栏，只有“四大恒”是钱庄，不在大栅栏。

此外，老北京中还流传着这样的购物口诀：买鞋内联升，买帽马聚源，买布瑞蚨祥，买表亨得利，买茶张一元，买咸菜要去六必居，买点心还得正明斋，看电影就去大观楼，针头线脑最好长和厚……这些都在大栅栏商业街上。难得的是，大栅栏街区至今仍保存着明末清初的“三纵九横”格局：“三纵”指的是煤市街、珠宝市街以及粮食店街；“九横”指的是大栅栏附近九条东西向的胡同。

改革开放后，这里衰败沦落了，除了部分老字号外，大多店铺的品质较低，商品质量老旧，价格低廉。进入21世纪，崇文区政府对前门地界实行“区别改造”，重张的大栅栏如今名声正在一点点恢复。

旧京大款穿戴的名牌

清末时，马聚源帽店被誉为北京帽业之首，很多人都以能戴一顶马聚源的帽子为荣。马聚源是店主人的名字，直隶马桥人。马聚源于1817年（清嘉庆十六年）在前门外鲜鱼口路南开办了帽店。后来，清代官宦们用的顶戴花翎的“红缨帽”（始于明太祖朱元璋的“瓜皮小帽”），直至后来风靡一时的“四块瓦御寒帽”，均出于此。

北京瑞蚨祥绸布店于1893年（清朝光绪十九年）开业，创立者是孟子的后裔。山东店主当年出资八万两银在大栅栏买到铺面房，经营花土布、洋布、绫罗绸缎、皮货等。清末民初，瑞蚨祥成为北京最大的绸布店，拥有五个字号，为旧京城“八大祥”之首。1900年，瑞蚨祥毁于义和团的洗劫，其后重建成中西合璧式的建筑。天安门广场升起的第一面五星红旗，是周恩来总理指定瑞蚨祥提供面料制作的。

内联升的鞋是旧京第一号。那时有句老话儿说：“爷不爷先看鞋！”出门在外，没双好鞋可不成。脚底有了劲儿，脸面上才有光。内联升创建于1853年，“内”指大内，“联升”示意顾客穿上此店制作的朝靴，能连升三级。“内联升”原在其他胡同，1956年公私合营后，迁到大栅栏。

大栅栏老字号

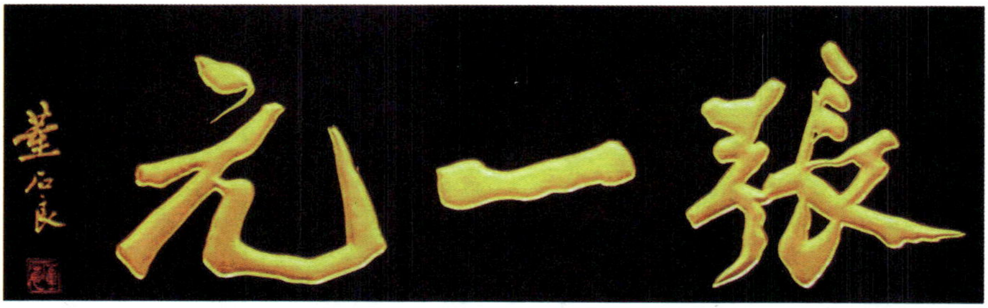

张一元创始人张昌翼是安徽省歙县人。1900年，他在花市开办了第一家店，名为“张玉元”，古汉语里“玉”有茶之意，“元”为天下第一。1906年，他在前门大栅栏观音寺开了第二家店，取名“张一元”，意在一元复始、万象更新。1908年，他又在大栅栏街开了第三家店，同样取名“张一元”，但为区别前店，该店亦称“张一元文记”茶庄。依京城及北方人的口味，就地进行窨制、拼配，形成具有特色的小叶花茶，并以汤清、味浓、入口芳香、回味无穷在京城百姓中得到认可。“张一元”的茉莉花茶窨制技艺，已被列入国家级非物质文化遗产保护项目。

同仁堂由乐显扬创建于1669年，是国内最负盛名的老药铺，同仁堂1723年开始供奉御药，历经八代皇帝共188年。历代同仁堂人恪守“炮制虽繁必不敢省人工，品味虽贵必不敢减物力”的古训，使其产品以“配方独特、选料上乘、工艺精湛、疗效显著”而载誉。该店经营的中草药和丸、散、膏、丹等各种中成药，以选料真实、炮制讲究、药味齐全著称于世。

同仁堂是个前店后作坊的药店，作坊就设在离大栅栏不远的打磨厂以南的新开路里，其成药不仅行销全国各地，而且远销东南亚各国。同仁堂现已是上市公司。

前门煤市街改造

煤市街道路拓宽工程于2004年12月31日开始，以此为标志，大栅栏历史文化保护区整体保护、整治与复兴工作步入实施阶段。

乾隆年间，煤市街一分为二，大栅栏以北称北煤市街，以南称南煤市街。20世纪初，北煤市街的北段出现了几家著名的纸铺，因此又叫“纸巷子”。于是煤市街又被一分为三：从廊房头条西口，到杨梅竹斜街东口为纸巷子；从杨梅竹斜街东口，到大栅栏街西口为煤市桥；从大栅栏街西口，到珠市口西大街为煤市街。

史料记载，明代以来，运煤的驼队自门头沟经阜成门进城，现大栅栏和煤市街的路口是京城交易煤的主要场所之一。后来这里逐渐发展成为商业区，煤市遂废，仅留其名。煤市街过去并不卖煤，这里曾有过恒聚号染房、万兴居酱肉、致美斋熘鱼片、全盛斋步鞋、泰丰楼烩爪尖、百景楼烩肝肠、普云斋酱肘与酱鸡等老字号。据统计，

1910年煤市街有著名饭庄饭馆22家，其中致美斋、致美楼、悦宾楼、泰丰楼等饭庄以及同聚馆（即馅饼周）等饭馆，皆称雄于民国间，为北京饮食业的翘楚。因此，煤市街被民俗专家称为老北京的“美食街”。煤市街过去有漳郡和赣州两会馆，清朝咸丰三年，在煤市街与观音寺街（今大栅栏西街）一带建了公义水局。中华民国时期的纸烟业同业公会，亦坐落在此街。

一位叫步雄的先生，2006年8月8日在《北京晚报》上回忆了他儿时煤市街的饮食：泰丰楼菜肴以烹制海鲜著称，其中的“一品锅”很有名，先上几个凉菜，然后是4个小炒，最后是个锅子，里面有1只鸡、1只鸭、1个肘子、1只火腿、20个鸡蛋、20个鸽子蛋、两斤乌参、两斤玉兰片等。据老人说，一品锅最讲究的就是码锅子，先码什么，后码什么，全有讲究，“君君臣臣，文东武西，百鸟朝凤……”懂行的都是先品后食。

修缮胡同全靠民工

胡同里的大杂院，几乎没有不是“危、破、挤、乱”四项齐全的。许多危破房屋难以承受雨水浸泡，很多四合院被自建房、棚子、煤堆占满，两户人家打开窗户，自家的窗框就碰到了对家，居住条件非常差。

2004年后，在人们的抗争下，胡同危改不得不由原来的“拆迁式疏散”改为“申请式疏散”。政府原规划皇城撤出五十万、内城撤出一百五十万老北京居民的目标流产，同时也撤销了36个位于皇城、历史文化保护区范围内的危改项目。2007年下半年，北京市政府分别为东城、西城、崇文、宣武四个城区拨付2.5亿元资金，启动旧城区胡同修缮改造工程，涉及40条胡同、1474个院落、9635户居民。此次旧房改造的指导原则是“解危先行，修缮为主，完善市政，适当疏散”。

> 胡同改造全靠外地民工，劳动强度大但吃住简陋

> 旧城房屋修缮现场，承包到位，挂牌明示

> 保定乡下来的民工，中间长者已六十多岁

> 民工们在紧张地施工

> 辛苦忙碌后，片刻的休息和闲适

宛平城回首

宛平虽称城，但它不像城，它没有一般城市（哪怕是小县城）所具备的大街、小巷、市场、钟鼓楼等基本设施，它其实是作为拱卫京城的南门户而存在的，且自古如此。全城只有东西两门，东西两面均有瓮城及城楼，城墙比较厚实坚固，有利于抵御外敌入侵。

该城始建于明末崇祯十年，即1637年，当时乃明朝的战乱时期，崇祯兴建此城用以屯兵守卫京城。明时，此城被称为“拱极城”，清时改名为“拱北城”，“宛平城”是在辛亥革命后才叫起来。

最早，宛平县署在北京城内的鼓楼附近。辛亥革命后，宛平县划归河北省，宛平县署只得迁出京城，但迁到哪里合适呢？最后选择了此地，并改地名为“宛平城”。宛平城全城东西长640米，南北宽320米，总面积20.8万平方米。宛平城在明、清时期没有遭受攻击，但民国以后却成了一个多灾多难之地。1937年7月7日晚间，日本侵略军在卢沟桥附近进行挑衅性演习。当晚，日军向在此守卫的二十九军提出，因有一个日本兵失踪，要进宛平县城搜索。二十九军拒绝了日军的无理要求。后日军声言中国军队由宛平县城开枪，日军随即用大炮和机枪向宛平县城攻击，双方展开激战。“七七事变”是抗日战争的起点，宛平城边的卢沟桥畔，就成了抗日战争的纪念地。1984年重修了城墙、城楼和瓮城，并在此修建了抗日战争纪念馆。2009年宛平城举办影像大展，用影像追忆过去。

> 张望

> 城门挂展

> 品味

p a r t 6

第六部分

“文革”遗痕

胡同里的“文革”残迹

“文革”是一段非常特殊的岁月，北京作为“文革”发源地，曾经是硝烟弥漫的战场。至今，已经过去多年，但是“文革”残迹在胡同里仍然能够不时发现。

不信请看图上这些隐约可见的语录和标语。

>1966 年开始的“文革”已过去了多年，但胡同里仍留存着一些语录和标语残迹

> 上图是棺材铺门脸，中图是南锣鼓巷特意保留的“文革”墙，下图是一家四合院门墙。

> 工业学大庆，农业学大寨，全国人民学习解放军

这些“文革”残迹，都是我在2008年以后拍摄的。

“文革”期间，北京的许多地名都被改成富有革命精神的内容，比如：王府井因属于带有“封建帝王”性质的感觉，所以改为“人民路”；东西交民巷旧时是帝国主义租界地所在，遂改为“反帝路”；苏联因为变修所以其驻中国大使馆南的东扬威路改为“反修路”；由于地安门大街位于北京南北中轴线上，所以改为“总路线路”，平行于它左（东）右（西）的安定门内大街和德胜门内大街，就改作了“大跃进路”和“人民公社路”。“文革”时期，中国有五个“革命圣地”，在地名上要反映出来：东单北大街叫瑞金路（东四北大街叫红日路）；西单北大街叫延安路（西四北大街叫红旗路）；宣武门内大街叫遵义路；花市大街到磁器口叫南昌路；中南海西墙外府右街，因毛泽东居住其间，故称韶山路。

“文革”期间家庭装饰

军装，是1966年开始的文化大革命中最时兴的服装。当时红卫兵造反派对军装趋之若鹜。那时，最革命的装束是：头戴军帽，身穿军装，肩挎军用书包，腰扎军用腰带，手捧《毛主席语录》，一副“舍得一身剐，敢把皇帝拉下马”的架势。

“文革”期间的中国家庭，把毛主席雕塑摆放于家中最醒目的位置。无论男女老幼，每天清晨起床后和夜晚睡觉前，都要把一天的思想和行为，向挂在房屋正中央的毛主席像汇报，称之为“早请示，晚汇报”。

“文革”期间的家庭摆设，突出的是领袖和红色。除了毛主席像以外，墙上还挂着马恩列斯四位无产阶级革命家的头像。另外，当时著名的“八个样板戏”之一的《红灯记》女主角李铁梅举着作为联络暗号的煤油灯形象，高立于臂戴红袖章的女红卫兵头顶，激励红卫兵小将“做人就做这样的人”，手捧“红宝书”的年轻一代，则立志“将革命进行到底”——这样的挂像也十分常见。

随后的1969年，在毛主席“广阔天地大有作为”的号召下，这批红卫兵小将就带着图片中这样的皮箱，奔赴农村去插队落户。

由于胡同里现在已无这样的陈设，但这段记忆又不宜丢掉，所以有心的“胡同张”把它原汁原味地在位于丰台区宛平城内的一个小展览馆里复制了出来。

老式暖瓶、饭盒、瓷缸、玻璃水罐、托盘、座钟、羽毛球拍以及桌椅板凳，一下子就把人的思绪和记忆拉回四十多年前那段特殊的岁月。老式缝纫机，现在已很少见，成为一些人的收藏品。“文革”期间，缝纫机是当时中国人追求的四大件（手表、自行车、缝纫机、收音机)之一。年轻人结婚时，新娘如果能得到这样的一台缝纫机，感觉面子十足，犹如现在的年轻人结婚就有自住房。

> 这几幅典型的“文革”室内图片，均拍摄于“胡同张老北京民间艺术馆”。

“灭资兴无”

“灭资兴无”作为历史遗存还保存在胡同墙上，并加以特别维新。

被征用的四合院

解放后，不少大院变成了国家机关宿舍，还有一些被军队、派出所、学校、居委会征用。特别是“文革”期间，许多并不大的私人院落，因主人受到冲击，房屋也被他人强行占据，完全没有商量的余地。胡同里各色各样的大杂院几乎都是这样演变而成的。

现在，这些被国家或北京市机关占用的院落，基本上都变成了“蓝领”老职工大杂院，居住十分拥挤混杂。

“文革”初期，北京市接管了8万多户房主的私人房产，共51万多间。其中，房主自住房27万多间、出租房23万多间，建筑面积合计约765万平方米，相当于解放初北京市全部房屋的1/3以上。这些被接管的私房，6.5万多间被占用的房主自住房和19万多间原私人出租房需要妥善处理；11万多间被拆除的私房需要补偿房价。全部私房的产权问题亟待解决。

> 礼士胡同居委会

> 央行宿舍门口

> 皇城内 161 中学

> 铁道部宿舍大门

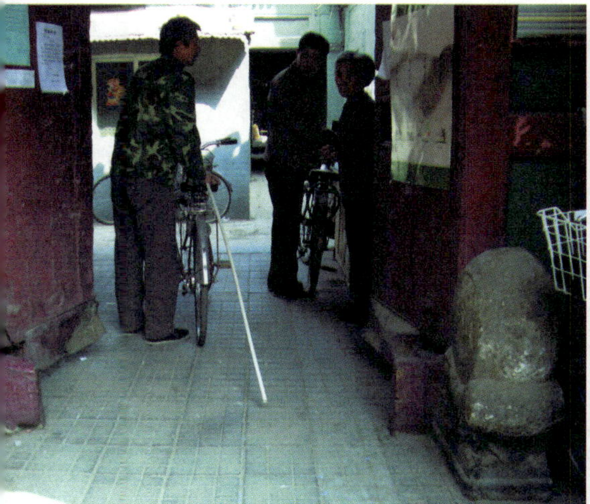

> 外交部宿舍入口

> 帅府园交通大队

p a r t 7

第七部分

老外进驻

胡同对老外的诱惑

美国人Chris在胡同里像个传奇人物，常常被别人提起，基本版本如下：从豆角胡同走出来，与他形影不离的硕大白猫或者伏在他肩上，或者被他装在书包里。他也许往南走，进入帽儿胡同的“那里”餐厅；也许往北走，去到南锣鼓巷的“过客”酒吧。他可能心情不错，会毫不吝啬地展示字正腔圆的北京话，也可能脾气糟糕，这时你最好收起你的好奇心。关于他到底工不工作、他时而带时而不带的女孩是不是女朋友，那是胡同里老太婆们不倦的话题。

“宝贝儿，没事儿，咱们是南锣鼓巷的，它们是外地佬，谁怕谁呀？”Chris那只虚胖的猫被一条小狗吓破了胆，呜咽不止，而Chris的安慰像个意味深长的玩笑，丝毫不含糊的儿化音传递了一种深入精髓的痞气，还有那么点阿Q，周围的酒客开始忍俊不禁。在胡同里，Chris地道而荒诞地存在着。他坐在胡同路阶上，边喝青岛啤酒边和小孩子们开玩笑：“少碰我的车哦。”熟门熟路找到最近的公厕，然后神色自若地回来；享受被女孩搭讪还会臭美：“长得帅，没办法！”远远望见东棉花胡同中戏对面那家小饭店的老板路过，寒暄道：“铁锤，你怎么几天不见就长胡子了？”

“可是，谁说我对胡同只有热爱？”他皱着眉头说，“我不喜欢的多了，最不可容忍的就是脏。来北京五年，不但没习惯随地吐痰擤鼻涕的声音，反而似乎越来越敏感，每天清晨醒来，发现胡同里这种声音清晰度最高；第二，不喜欢有人朝我吹口哨，有病，我又不是美女或者狗，吹什么吹？第三，不喜欢碎嘴婆子多，我常常告诉某个人一件事，几小时后发现全胡同的人已经知道。还有啊，不知道八十年代的中国人怎么样，反正现在觉得胡同里不够温暖，我住的地方没有人对我微笑。”我欣赏地听完豆角胡同居民Chris有着完美发音的牢骚。

多数时候，Chris温文、有趣，完全对得起他所受的教育。但他也有些一触即发的“爷们气”：随性、散漫，抵制只为工作活着的态度；

> 东四九条新红资俱乐部

> 东四六条旅店

> 东四八条办公室

挑剔极了，一小时会有十次嘲笑别人，爱用他的口头禅：“你懂个屁！”（摘自《时尚旅游》严丽川/图文）

龙安志（Laurence J.Brahm），美国人，49岁，律师及政治经济学家，现居中国。他先后著有近30本有关中国的书籍，曾以专著写朱镕基。他娶了位中国太太，育有二子，长子名龙小龙，次子名龙麒麟，他在东四六条、东四八条、东四九条各买了一处四合院，三院用途各异。

龙安志是我的朋友，他很喜欢中国红，尤其对“文革”收藏情有独钟。他在东四九条开了家“新红资俱乐部”，在老外圈中很有名。门前停放的两辆老红旗曾是江青和陈毅的专用车。俱乐部内，既有清朝的大龙袍，又有毛泽东时代的中南海旧家具，古色古香。日本占领北平时，川岛芳子曾住过此院。

老外对四合院情有独钟

南池子改造后，许多老外住进来，成了新胡同人。我去过一个法国人租住的南池子四合院做客，院内鱼缸、花坛、翠竹和凉椅俱全，颇具京味的人文气质，被老外演绎得有板有眼。最妙的是，这个院里住着来自不同国家的八个老外，形成“新八国联军”大杂院的国际景观。

> 老外在胡同里挂红灯笼，骑车带儿玩耍

> 来自欧洲的一对夫妇专程乘坐人力三轮到胡同参观拍照

> 老胡同魅力不减，老外络绎不绝来探访

“祥子”们拉着老外逛胡同

北京虽已成为现代化大都市，但对外来的旅游者（不管是国内的还是国外的）而言，最想了解的还是这个城市的历史，最想知道的还是当地的风土人情，最想品尝的还是当地的特色美食，最想看的还是古老的民居。

什刹海是北京城的一颗明珠，其34公顷水域碧波荡漾，路边垂柳掩映着王府、寺庙、钟鼓楼和名人故居。沿岸边漫步，站在银锭桥上，可远望西山，近看民居。奥运期间，这一带有上百家四合院开放，供外来者居住，体味胡同生活。

因以前“胡同游”市场欠缺规范，不仅影响了胡同游品牌的形象，也给周边居民生活带来不便，所以西城区政府对胡同游制定了新标准：什刹海“胡同游三轮”规格必须统一，车长2.95米，高1.5米，颜色款式和装饰风格均保持一致。车身前后镶嵌多种体现老北京民俗的“铜活”：前板上有“祥云”图案，侧板上有“五福捧寿”；车身两侧有8枚“瑞兽”铜钉，车背面是4个“麒麟”铜饰，象征着四平八稳。胡同游共有5家特许经营的公司。

胡同游，始于1994年。什刹海一带是胡同游的核心地区。如今，骑三轮的“祥子”们大多来自外地，他们既当三轮车夫又兼导游，同时还要积极寻客，彼此间竞争非常激烈。车夫们的服装整齐划一，咖啡色的中式对襟，黑色灯笼裤，在上衣袖口和兜边配有五色的祥云图案。

北京胡同
游览公司
BEIJING HUTONG
TOURIST AGENCY

南锣鼓巷群落

> 南锣鼓巷的店铺门牌，不少拥有自己的LOGO，设计独具创意

东城区的南锣鼓巷，是北京保存最为完好的元代建的街区。像南锣鼓巷的整治一样，许多人都已意识到胡同作为文化展示的意义。从旅游资源利用的角度观察胡同，初步判定，仅存的千余条胡同中，具有较高旅游价值的占10%左右，展示价值约30%，其余60%利用性不强。

20世纪初，北京市在胡同保护方面进行了一系列的试点工程。备受推崇的胡同整治案例如烟袋斜街的改造，后来被确立为典范。有人评价说，在烟袋斜街的改造过程中，“政府做了政府该做的事，市场做了市场该做的事”。政府只投入了160万元，把天然气埋进去，把路铺好，然后告诉大家：这里是不会拆的。于是大家有了信心，愿意自己修缮属于自己的东西，这时候，政府需要做的就是给出修缮的标准。有人形容这种改造模式叫“针灸疗法”——政府找对穴位，见缝插针，胡同经络自然打开。

烟袋斜街改造一年后，已经完全改变了当年破败的景象，焕发了生机。据事后清华大学对这条街的经济调查显示，房价提高了，商店经济效益提升了。改造后社会效益显著，成了历史文化保护区保护工作范例，同时成了一项“富民工程”。

但也有些急功近利的改造是不尽如人意的。据资料显示，北京市工务局曾经搞过一个有关北京改良四合院的规定，给修缮胡同和四合院制定了标

> 老外或骑车或步行逛南锣鼓巷

> 一帮老外骑着自行车逛北京

准，按照老工艺对砖和灰等做出明确的规定。随着新兴建筑材料和技术的出现，这一传统规制实施时却完全走样。现在一些修缮胡同、四合院的做法也很难让人接受，民工只拿洋灰抹墙，涂完了再用抹子把砖缝勾出来，一下子就把胡同的历史痕迹抹去了。

龙潭湖的园林

明朝修建外城时，曾在这里大量取土烧砖，后来砖窑变成了臭水坑，形成无人区。1949年前，这里一直是北京城外有名的乱坟岗子，京城死的穷人被草席包裹着往这一带一扔，就喂野狗了。1952年军民协同一起，把此地整修为拥有东、中、西三个湖的公园，总面积比什刹海、后海、积水潭的总和还大。“龙潭湖”之名，是建筑师梁思成所起。现如今，这里辟为公园，每天打太极、放风筝、踢毽子的老北京络绎不绝。其中的龙字碑林，汇集了甲骨文、秦篆、金文以及后代著名书法家和名人题写的龙字，共229个。

龙潭湖是一处碧波荡漾、绿树成荫、以水景为主的中式园林。它位于东城新区，全园面积120万平方米，水域面积700亩。

公园突出龙和潭的特点，水域四周有龙山、百龙亭、龙形石雕、龙桥等。园中的龙吟阁，位于湖中央，是典型的水上阁楼。瀑布从层峦叠嶂的石山上倾泻而下，红叶尽染群石，美不胜收。秋景尤其美丽。

> 崇祯三年，袁崇焕被杀，卒年四十七岁，其肉被京城百姓食之，清朝初年在此立袁崇焕祠。

明代皇家粮仓

皇家粮仓位于东城区东四十条立交桥西南角，建于1409年（明永乐七年），比故宫年长10岁，历经明清24代君王，亦目睹了中华民国与中华人民共和国的变迁，至今已经年满600岁。

> 皇家粮仓在禄米仓和海运仓胡同附近

皇家粮仓占据京城上佳风水位置，旧称东门仓，再称南门仓。它是在元代北太仓基础上建造的，是中国目前仅存的、规模最大、状态最为完好的皇家粮仓。皇家粮仓的一组建筑，高10米，墙体厚1.5米，设通气孔与天窗，四季恒温，湿度适宜，没有鼠患，是中国最原始的物理保护生态建筑。皇家粮仓作为古代京杭大运河南粮北运至京师的终点建筑，保存至今非常难得。

现在，这里被保护性商业开发，除设博物馆外，亦有融历史、文化、餐饮于一体的厅堂“家班”昆曲演出。昆曲被称为“百戏之祖”，

是中国现存传统戏曲中最古老的剧种之一，也是世界古老的三大戏剧源头之一。它发源于明朝（14至17世纪）中国苏州昆山一带，原名昆山腔。昆曲直接影响了京剧和川剧等剧种的发展。昆曲艺术是融文学、戏剧、表演、音乐、舞蹈、美术于一体的舞台综合艺术。昆曲通常以竹笛、小鼓、梆子、铜锣、铙钹等乐器伴奏，因其表演形式过于繁琐，18世纪开始逐渐走向没落。2001年5月18日，中国昆曲艺术被联合国教科文组织宣布列入首批“人类口头和非物质遗产代表作”。

而今，600年历史的皇家粮仓与600年历史的昆曲结合，推出了皇家粮仓厅堂版昆曲《牡丹亭》，成为物质文化遗产与非物质文化遗产的结合范本。于120分钟和500平米的古朴时空里，构筑起情景交融、虚实相生的景观，以简约而紧凑的结构，再现了600年前慢声徐度的优雅情境，使爱情传奇形成跨越时空的不灭力量。演员全部从昆曲发源地苏浙挑来，没有麦克风和扬声器，乐师现场演奏，演员完全靠真嗓子和真身段，使这里写实与写意的两种风格，从容自如地共冶一炉。

萧瑟的明城墙

中国古代城市布局中，城池必不可少，因为这是御敌的必备。城为城墙，池为护城河。历史上的北京明城墙，全长40公里，始建于明永乐十七年（1419年），距今已有580多年的历史。

图中的明城墙，位于崇文门—城东南角楼的城墙遗址，全长1540米，是北京仅存的一段老城墙。这里是帝都的标志，城墙外原本有池，城池配套完整，但解放后池被填埋。

直至进入21世纪之初，这段明城墙遗址一直被单位和居民占用。据2001年调查称，在明城墙遗址范围内，共有79个单位，其中20多个单位直接在古城墙或城墙基上建造厂房、车间，建筑面积达3万平方米。当时19栋楼房、500余户职工的住房建在城墙上，有的住房拆除城砖，挖掉城墙夯土；有的将城墙打洞改做后山墙，对城墙原貌造成极大破坏。北京市政府2002年开始整治，环绕城墙遗址栽种了52000平方米的草坪、树木，建成城墙遗址公园。

紫禁城辉映沧桑

紫禁城是明清两代的皇宫，也是当今世界上现存规模最大的古代宫殿建筑群。

紫禁城其名，借喻紫微星垣而来。中国古代天文学认为，紫微星垣居于中天，皇帝是天子，自然要居于紫宫。皇帝及其眷属居住的皇宫，除了为他们服务的宫女、太监、侍卫之外，只有被召见的官员及被特许的人员才能进入，因此，皇宫，既是紫宫，又是禁地，故称“紫禁城”。

紫禁城南北长961米，东西宽753米，占地面积达72万平米。有房屋980座，共计8704间。四面环有高10米的城墙和宽52米的护城河。城墙四面各设城门一座。城内宫殿建筑布局沿中轴线向东西两侧展开。外朝由天安门—端门—午门—太和殿—中和殿—保和殿组成的中轴线和中轴线两旁的殿阁廊庑组成。外朝以太和、中和、保和三殿为主，前面有太和门，两侧又有文华、武英两组宫殿。红墙黄瓦，画栋雕梁，金碧辉煌。殿宇楼台，高低错落，朝霞夕阳中，仿若人间仙境。

紫禁城作为明清两代的宫城，全部宫殿分“外朝”和“内廷”两部分。从建筑功能来看，外朝是皇帝办理政务、

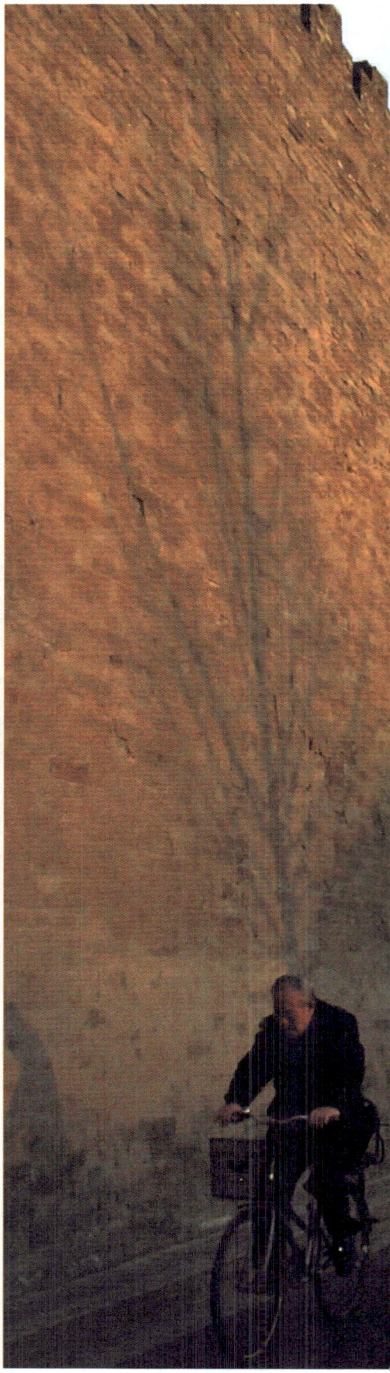

举行朝会的地方，凡国家重大活动和各种礼仪，都在外朝举行。内廷是皇帝后妃生活的地方，由中轴线上的乾清宫、交泰殿、坤宁宫、御花园和两旁的东西六宫等宫殿群组成。内廷位于紫禁城的后部（北部），包括乾清宫、交泰殿、坤宁宫，是帝后居住的地方。这组宫殿的两侧有居住用的东西六宫和宁寿宫、慈宁宫等，以及分布在内廷各处的四座御花园。宫城内还有禁军的值房和一些服务性建筑以及太监、宫女居住的矮小房屋。宫城正门午门至天安门之间，在御路两侧建有朝房。其中太和殿最为高大、辉煌，皇帝登基、大婚、册封、命将、出征等都在此举行盛大仪式。内廷中最著名的是养心殿。

1911年，辛亥革命推翻了中国最后一个封建帝制——清王朝；1924年，冯玉祥发动“北京政变”，组织摄政内阁，修改对清皇室优待条件，将中国最后的皇帝爱新觉罗·溥仪逐出宫廷。1925年10月10日在乾清门前广场举行盛大的建院典礼，并通电全国，宣布故宫博物院正式成立。开放的第一天，北京市内万人空巷，人们急于一睹这座神秘的皇宫及其宝藏，争先恐后聚集到这宫禁之地，交通为之堵塞。

1931年“九·一八”事变后，日本侵略势头危及华北。1933年，故宫博物院为保护文物安全，择其精要装箱南迁，并在南京建立库房，成立故宫博物院南京分院。后又检选出大批文物13427箱又64包，分5批运至上海、南京，最后历尽艰险辗转运至四川。1948年底至1949年初，南京国民党政府从南京库房中挑选出2972箱故宫文物运往台湾。

1949年，北平和平解放后，故宫博物院被接管委员会接管。新中国建立，故宫博物院隶属文化和旅游部。

别看紫禁城曾经辉煌无比，但它余下的是无言的孤独。

p a r t 8

第八部分

胡同风情

胡同里的浪漫

胡同里，随处可发现浪漫，只要你是有心人。

不信你看：那隐在紫色窗幔后的少女美丽不美丽？那扔在破四合院角落里的花草帽浪漫不浪漫？那堵在大红色院门前的树干算不算奇想？那栽在房前的人工树有没有创意？

> 绿窗紫幔后，少女娇如花

> 芳尘远去，花帽遗落青砖旁

> 秀树半掩朱门，花球装扮枯枝

告诉你，其实呀，胡同到处都藏着挥散不去的一瓣瓣心香，要你用心去仔细品味。

在西城区什刹海附近，有条给人浪漫想象的胡同，叫百花深处。闭上眼睛想象一下，那是怎样的一条巷子：拥有上百种花，而且在幽深处，岂不妙哉！

这“百花深处”，源自明万历年间，当时有对张姓夫妇，在此地种花种树挖池垒山，吸引得城中士大夫们纷纷前来划舟游赏。久而久之，人们就把这地界儿称作“百花深处”。

改革开放后，在摇滚巨火的年代，张晓微在胡同深处开了一家“新街口百花深处胡同16号录音棚”。那

> 百花深处好，世人皆不晓

年头，北京的摇滚巨星们都曾在这里出碟：唐朝的《唐朝》，张楚的《姐姐》，何勇的《垃圾场》……

正因为这名字的神秘和曼妙，老牌台湾艺人陈升在这儿创作了“One Night in Beijing”。据说，那是一个夏夜，陈升从百花深处录音棚出来，醉醺醺地站在胡同口，摇摇晃晃吼了一嗓子——One Night in Beijing。于是，第二天就成就了《北京一夜》这首大红大紫的流行歌，歌里唱道：“不敢在午夜问路，怕走到了百花深处。”大导演陈凯歌也曾在这条胡同里拍过一部名为《百花深处》的“十分钟年华老去”的短片，英文译作100 Flowers Hidden Deep，老外光听这名字大概都会发痴。

老舍这样描写“百花深处”：“胡同是狭而长的。两旁都是用碎砖砌的墙。南墙少见日光，薄薄地长着一层绿苔，高处有隐隐的几条蜗牛爬过的银轨。往里走略觉宽敞一些，可是两旁的墙更破碎一些。”

曾在“百花深处”胡同工作过的诗人顾城，写过一首《题百花深处》的诗：“百花深处好，世人皆不晓。小院半壁阴，老庙三尺草。秋风未曾忘，又将落叶扫。此处胜桃源，只是人将老。”

徜徉在胡同中，各种浪漫俯拾皆是。

胡同里的餐馆

各位看官，胡同文化已是越来越深入人心。您到北京来了，若不到胡同里的餐馆撮一顿，那也实在对不住自己哟。现如今，吃饭不仅是吃味道，还要吃文化。胡同餐馆里有着特别的味道和文化。

北京胡同的犄角旮旯里，总能找到好东西！在南锣鼓巷，有个小菊儿胡同。胡同口，有几张带着红五角星的大招贴——我们都是胡同人！这挺打眼，顺着胡同进去，原来里面还有个四合院小旅馆，不算精致，但是可吃可住！他家总有上好的茶叶，吃的是老北京家常菜，大院里有一个青石板，可以让客人没事的时候练练毛笔字。其实所谓“旅馆”，是个让人觉着亲切的说法儿。喝茶、吃饭，还是住店，都随您！一位在胡同餐馆里吃过饭的外地人说：“餐馆里最让人动心的是那一方小鱼池，池中有一棵树，在露天的二楼，可以看到什刹海湖面和北京特有的青灰色屋脊，即使是简单地在这里吃点喝点，也能感觉到真正的怡然自得。”

所以，您别忘了到胡同餐厅吃顿饭，吃完了，“别忘了老宅院”。

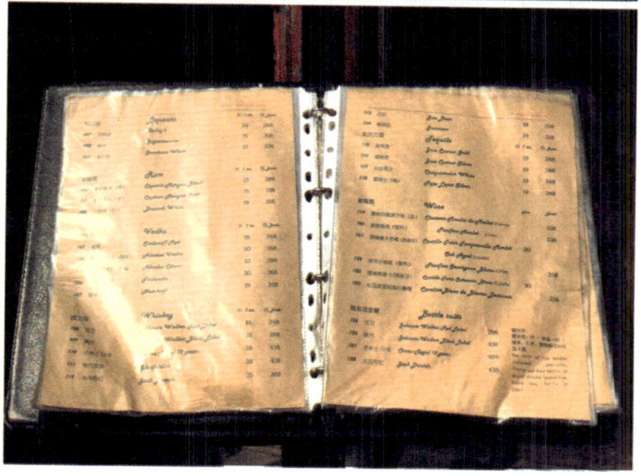

胡同里的旅店

胡同旅店最近在北京层出不穷，它对国人来说，是体味老北京的去处，而对外国人来说，是体味中国味儿的去处。这里属于愿意来胡同做客的人、向往胡同生活的人、探索胡同文化的人。在现代化程度越来越高的北京，胡同文化已经成为一种稀缺文化。事实上，胡同生活是北京平民文化的徽记，具有特别的价值。因而，对胡同文化有心的人，以胡同旅店方式对其文化加以演绎，使之在弘扬文化的同时也觅得了商机。其实这里也成为价格便宜的青年旅舍，或者说背包客聚集地。

当旅客住进胡同，那斑驳灰色的院墙，那树下闲坐的老人，那跑来跑去的小孩，那脏里吧唧的猫狗，都伴随着你的左右，它一方面像细密的筛子一样滤掉了都市的喧嚣，让一切显得闲散安静，另一方面又让你在恍惚间进入外国人之境，因为这里金发碧眼的年轻人、中年人、老年人三五成群出出进进。

一般胡同旅店都很小，但麻雀虽小，五脏俱全。胡同旅店有精致的早餐、小小网吧、公共空间、自助洗衣房、订票处、各种各样的旅游线路介绍，还有卫星电视、小小图书馆、DVD、自行车出租以及干净的男女卫生间和洗澡间。

胡同里的雅集

胡同旅店都布置得很有味道，有的院墙上挂着个硕大的京剧脸谱风筝，有的院中右手边摆着太师椅，一般都配有花架，兰草、文竹、滴水观音一应俱全。

有些胡同旅店还设有创意饮食和光阴茶叙。在这里读读旧书，品品花茶，和老街坊一起包包饺子，在老北京的平淡生活中，去寻找各自想要的东西。

一位住过四合院的游客描述：由大门进到四合院，先看到影壁，影壁前有一缸活泼的金鱼，角落里的青竹下是一个花岗岩石槽，里面趴着只好奇的乌龟。忽地喵一声，院里跳出来一只很神气的白猫和我打了个招呼。由影壁左拐，就可以看到由垂花门（带东、西两个游廊的院内二道门）隔开的院子。外院包括整整一排朝北的房子（也就是四合院的“倒座”），内院是个可爱的花园和四合院的正房及东西厢房。花园里大块青砖铺出十字甬道，甬道上搭着竹架，攀爬着微开的牵牛花。木车轮、竹躺椅斜斜地靠在一旁。不知道从哪里流淌出柔和的音乐声。整个院子布置得随意自然，恬静惬意，满院子的植物、动物都好像是自由自在地生活着。坐在院子里，看不到高楼，听不到车声，只有和煦的阳光，蓝蓝的天空和满眼的翠绿。

小時光

胡同里的田园生活

进入胡同，间或会看到一种颇显生机的田园景象：有的院中伸出果树，有的门口种着南瓜、丝瓜、葫芦等农作物，反正都是懒懒地吊挂在某处，虽然无精打采，但闲适的样子实在让人羡慕。如果胡同干干净净，四合院卫生设施齐全，住在里头，那是最美不过，真能过着神仙一般的小日子。

胡同里的生动景象

> 孩子在地上欢蹦乱跳

> 小狗在房上登高放哨

> 理发、裁衣、买菜，在胡同里认真度过平凡的每一天

胡同里的晾晒

> 五色衣给树添彩

> 被褥与绿叶竞美

> 小孩在衣丛中嬉戏

> 狭窄的路，宽大的被

> 红衣绿裤上枝头

> 衣服晾出家的温馨

> 雕花房檐给花被加上花边

> 新屋前被褥尽享阳光

> 鞋垫轻风中摇动

> 鞋袜与荒草比酷

> 红鞋装点了旧窗

> 衣物整齐地排好沐风浴光

> 冷肃的墙，热烈的被

穷出富进

北京旧城（二环以内）现有人口140—160万，面积63.8平方公里。那些生活在大杂院里的老北京，大多生活水平低下，几代人拥挤在一起，居住空间非常窄小。为解决旧城内低收入人群密集的问题，北京市政府试图通过人口转移重新配置的方法，迁出去60—80万人，以达到“穷出富进”，2020年将人口控制在80万左右。

不少胡同里的原住户，由于住房太过窄小、自家没有卫生设施、儿女无处安置等原因，不得不选择迁出胡同，去郊外买大一些的现代化房屋居住。于是一些富人乘机取而代之。富人迁入胡同后，推倒危房和旧屋，按古建规制重新翻建四合院。于是，奔驰、宝马等高档车开始出没于胡同。

新式大宅院

清朝时，京城的上好胡同和四合院里，住着王爷、贝勒、公主、大臣等；民国时，京城上好的胡同和四合院里，住进军阀、买办、高官、富豪等；改革开放后，京城上好的胡同和四合院里，住进有钱人、外国人等。眼下，这些新住进胡同的富翁们，开始在胡同里修建新式的豪门大宅。新一轮大宅院建设热，已经悄然兴起。这是一组超级豪华大宅院图片。

胡同四季

春

高枝朵朵艳木莲，姹紫嫣红春意满

夏

芳菲歇去何须恨，夏木阴阴正可人

新春大吉
张灯结彩迎新春
欢天喜地度佳节

秋

碧云天，黄叶地，西风残照，枯藤老树

冬

檐后寒树琼枝飞花，一庭瑞雪美景如画

敦禮明倫

帝王庙下马石

> 历代帝王庙门前的下马石碑文上用满、蒙、汉三种文字刻着：官员人等至此下马

> 位于什刹海附近的王府大院外墙砖雕

皇家特用的琉璃瓦砖雕

民间所用的房头、屋脊、墙体等部位的砖雕

花窗花梦

花　窗

花 梦

胡同里的喜事

胡同大杂院里，一旦谁家喜事临门，全院的人都跟着乐呵。喜字直接贴在大门入口处，自然就不单是一家的喜事，而是整个院，甚至是整条胡同的喜事。

囍
囍

囍
囍

44
囍

囍

苍劲冷峭的树木

> 冷峭的树木，挺立如胡同的卫士

> 寂静的胡同里，只有一个海外归者在凝望

p a r t 9

第九部分

首都威严

北京的中轴线

北京的中轴线，南起永定门，北至钟鼓楼，长7.86公里。历史上北京城的特点是，以宫城为中心，左右对称。

封建王朝设中轴线，旨在强调帝王的中心地位：宫城在最中央，左面为太庙，右面为社稷坛，即“左祖右社”；前面是朝廷，后面为市场，即“前朝后市”。中轴线可谓“中”字的一竖，方正的紫禁城就是“中”字里的“口”。

这条线自南向北，分别耸立着永定门、正阳门、大明门、天安门、端门、午门、太和门、太和殿、中和殿、保和殿、乾清门、乾清宫、交泰殿、坤宁宫、神武门、北上门、景山门、万春亭、寿皇殿、地安门、鼓楼、钟楼。

在景山的万春亭上，大致可看到整个中轴线的全貌，其气势壮丽无比。

老北京有这样的传言：1793年，英国使者马戛尔尼面见乾隆皇帝时不是不肯双膝下跪吗？好嘛，那就等着瞧吧！那以后，礼部官员再接待英国使者，便开始“别有用心”地安排他们从正阳门入紫禁城：先进大清门，然后走过千步廊和御道，见识了一片庄严、宏伟、悠长的建筑后，天安门前迎接他们的是威武的石狮和高大的华表；踏上汉白玉砌的阶栏，穿过熠熠放光的金水桥，抬头望见苍穹笼罩的天安门那金檐的红楼，让来者不得不开始动容；再走过端门，一眼看到那偌大的凹字午门以及包围在巨大的红色高墙下细砖铺成的阴沉广场，让来者不得不开始惊心；从重兵把守的午门厚重的木门钻进去，突然映入眼帘的那神秘广场和远方巍峨的太和殿，让来者不得不肝颤。于是，来者还没见到皇帝，就要身不由己地跪倒了。这就是中国人讲的“气”，气势、气魄、气场。那巨大的、强烈的、霸道的“气”，让你无法承受，不得不臣服。谁让那年马戛尔尼是在承德避暑山庄见的乾隆帝呢，要是在这气壮山河的紫禁城里，给他俩胆儿，他也不敢不双膝下跪。

传说上世纪50年代，从地安门下面挖出一只石鼠，从正阳门下面挖出一匹石马。天干地支中，子为鼠，午为马。这两只石雕暗示中轴线是城市的子午

> 21 世纪航拍的北京中轴线格局

线。但经后人测算，中轴线有些偏离子午线。

北京中轴线的建设有三个里程碑：一是紫禁城，历史上是封建皇权统治的中心；二是天安门，成了新中国的象征；三是奥运会，让世界对中国从此刮目相看。

从1990年亚运会开始，中轴线开始被延伸，到2008年奥运会，北京已把传统的7.86公里的中轴线拉长到26公里。中轴线的最北端不再是钟鼓楼，而是奥林匹克公园的“仰山”和“奥水”。北京奥运会开幕式上，一串串踩着中轴线走去的焰火“大脚印”，曾让全球惊讶。

天安门

北京不仅是文化之城，更是政治之城。首都的威严，辐射四面八方。

> 这是 2009 年 10 月 1 日中华人民共和国建国 60 周年时，我在现场拍摄的一组照片，威严的阅兵令世界震撼。

警察与警犬

> 警察牵着警犬执勤，保卫北京的平稳和安定

> 2009 年秋国安足球队在工人体育场争夺冠军，警方在此布阵

part 10

第十部分

胡同余音

北京土著（小说）

一

今儿个天儿好，暖融融的，空气也倍儿新鲜。

熬过一冬，胡同儿里的老槐树都发新芽儿了，身子骨儿也要补补太阳了。

老太太坐在胡同中段儿一个大杂院门一侧的门墩儿上，半眯着眼儿，美滋滋地晒太阳。

一个挂着相机的小伙子来到她面前，礼貌性地询问：“大妈，我给您拍张照好吗？”

老太太睁全了眼睛，盯着小伙儿看了一阵：哦，长得蛮周正。老太太心里念叨一句。她核桃皮一样皱干的脸露出一丝笑意，很显大气地回应：“照吧。”

小伙子噼噼啪啪从头到脚连拍了几张。

“嘿，您这玩意儿还真高级，让我瞅瞅。”

小伙子就前几步，弯下腰，把相机端到老太面前。老太用粗糙的手摸摸，对着小伙子眼睛说：“这相机配您，都帅。”

很有意思的老人家，小伙子索性蹲下来，正好跟老太太好好聊聊。

“您贵庚？”

“什么？”

“您多大岁数啦？”

“嘿，您当我听不懂贵庚呀？告诉您，别小瞧人。您冷不丁一问，我只是耳朵不济，听不大真。八十八了，怎么样，没想到吧？”

“啊，都八十八了？没想到，真没想到，那您今年是米寿呀！”

老太太说："我今年八十八岁了，都活成精了。"

> 图中老太太非小说中的人物。

"好小子，这您也懂，我喜欢，我就喜欢文化人儿。"老太太兴奋地在小伙子的背上拍了一下，张开嘴乐了，嘴里几近空荡荡，门牙只剩下三颗，虽然说话漏风，但仍听得清楚。

"您干吗的？打哪儿来？干吗拍这破了吧唧的胡同儿？"

老太太的好奇心似乎比小伙子还强。

"我从美国来，在大学研究社会人类学，我的博士论文想写北京的胡同。我爸妈是二十多年前从北京移民美国的，所以我对北京挺有感情。大妈，您一定是胡同通吧。"

"那敢情！这里不会有谁比我知道更多胡同的事儿了。小伙子，幸运吧您哪，您可找对人啦！"

"那太好了！大妈，您的底气真足，声音很响。"

"哈哈，我从小就是大嗓门儿，这叫老不改调儿。"

坐哪里聊呢？也不能跟老太太一样坐在门墩上，一边一个把守着大杂院的门，那多难看，也影响居民的出出进进。

"大妈，咱们到哪家咖啡馆或饭馆去说话好不好，这附近有吗？"

老太太想了想，"要不，您带我去麦当劳吧，说是那儿的咖啡和汉堡都很好吃，胡同外的大马路上就有一家。"

小伙子哑然失笑：别看老太太已经八十八，心里却像孩子一般不忘赶时髦。

“好，好，大妈。”小伙子扶着老太太起身，帮她拄好拐，一齐前行。

走了没多久，又一个大嗓门传来，“哎哟，老太太哎，您这是哪儿去呀？还有这么一个小帅哥搀着。”一个臂戴安全巡视红袖标的胡同大妈（胡同纠察队？）逗老太太。

“去麦当劳。跟您告诉嘿，人家是从美国回来的。”老太太那口气甭提多有面子了，这“人家”二字可有学问了，这种亲昵称呼的背后，传递给对方的信息还包括“是我亲戚”的内涵。

“是——吗？又是麦当劳，又是美国的，真了不起！好好个儿开个洋荤啊您！”

老太太一点儿没觉得这话噎人，脸笑得跟朵花儿似的，直个劲儿点头，走的那步子立马比刚才有范儿。

小伙子也笑了，觉得这胡同里的人情味很有些特别。

胡同已经被都市现代化的大马路和高楼大厦包围，走出这条窄静的老巷，马上是一片喧嚣景象。

进入麦当劳，老太太的眼睛、鼻子、手脚都十分活泛，眼睛东张西望，鼻子不住嗅着，手又拍又摸塑料桌椅，那模样像刘姥姥进大观园。

这种好奇的行为，着实让小伙子纳闷：麦当劳进入北京快二十年了，老太太竟然感觉如此新鲜。

小伙子不知道，老太太二十年间可是眼巴巴地看着别人进麦当劳店，自己则望眼欲穿。这个舶来的垃圾餐，对老太太而言就如筵席一般。

小伙子问老太太鸡汉堡、鱼汉堡、牛汉堡需要哪一种，老太太丝毫未迟疑：“都要一个，尝尝嘛，来一回忒不容易。”

小伙子除了给老太太买了三种汉堡，还给她买了薯条和咖啡。不过，他担

老太太说："去麦当劳吧，说是那儿的咖啡和汉堡都很好吃。"

心，老太太会不会眼大肚皮小？别撑坏了！

"慢慢吃，别着急，如果不能全吃下的话，可以打包带回家。" 小伙子发现老太太是个自尊心蛮强的人，所以说话很小心，不敢用"撑"这个字。

"不介，我饭量大，没事儿。瞅瞅，其实也就俩大馒头的量儿，我经常一气儿吃俩大馒头，要不怎么能活这么大岁数呢。"就是说这话的时候，老太太嘴也没闲着，两手开弓，一左一右地往嘴里塞汉堡。虽然老太太牙齿所剩不多，但牙龈咀嚼时香喷喷的咂咂声，感染力四射。

别看老太太身架瘦削，可食量惊人，他不得不暗自佩服老太太的吸收力和消化力。

餐厅里那些80后和90后的年轻人，纷纷用诧异的眼神猛瞟这位长相鹤发鸡皮、吃相天真无邪的"妖精"——小伙子就听到一句"老妖精"的窃窃私语。

那些眼神看老太太时，当然也看小伙子。不过，小伙子不但不在意那些诧异的眼神，反倒感觉莫明的窃喜，这种妙不可言的对比，全世界到哪儿去找！

老太太喝咖啡那才叫逗：喝一口，闭上眼睛，“咂”的一声，然后慢慢摇头，睁开眼，再张大嘴巴呼一口气。那种煞有介事的夸张劲儿，实在让观者叫绝。

看着老太太陶醉万分地吃着、喝着，他突然对中文里“助人为乐”一词有了种扎扎实实的感悟，这个成语太精辟了——帮助老太太实现了吃麦当劳的心愿，她的快乐更让他快乐。

终于，吃饱喝足了，老太太上下用力拍拍手，大声给出两个字评价：“好吃！”

这劈里啪啦外加大嗓门的动静，更是引来一片注目礼。

二

“大妈，您现在是跟老伴一起生活，还是跟儿女一起生活？”

“老头子死了，儿女也死了，亲人都没了，就我一个孤老婆子，一个人生活。”

老太太总让他特别意外，没想到这么悲切的事，老太太说得那么干脆利落。

“那谁照顾您，您的生活费怎么解决？”

“我能动能吃的，干吗要人照顾呀，街道每月给我生活费，饿不死。”

“大妈，您的精神真好，我很欣赏您生活的状态，那么乐观。”

“不乐观怎么着，还天天介哭哇。瞧见没有，啥也没活着好，这把子年纪了，北京的什么事我没见过？要活嘛就好好活着，开开心心的。现在这帮小年轻的，遇到点事儿就上吊啊，跳楼啊，把自己糟践死了，多可惜呀！”

“是啊，他们就缺乏您这样的心态。”

“我这叫活成‘精’了。”

> 老太太说：“大富大贵，大灾大祸，大贫大贱，我都经历了！”

“大妈，您这个字用得真好，能成‘精’，一定经历了很多很多事吧，别人承受不了的您都承受了。”

“那当然，不瞒您说，大吉大利，大富大贵，大灾大祸，大贫大贱，我都经历了！”

“是吗？您有这么丰富的阅历，那可真是传奇，能把您的故事讲给我听听吗？”

“您这个美国的博士，愿意听我老太婆唠叨？”

“大妈，能听您讲自己的历史，我求之不得。您不是说我幸运吗？我真的感觉特别幸运。”

“真的？”

“真的。您就像一块活化石。”

> 老太太说：“我们家以前可是大户人家，住的是大宅门。”

> 昔日豪宅，今成大杂院

“像化石？不好，硬了吧唧的，又冷又丑，我不喜欢。活化石？还不如叫活宝呢。”

“对，活宝好，您就是一块活的宝贝。”尽管小伙子的中文概念里，“活宝”是逗人乐的人，但既然老太太喜欢，又何妨。

“其实呀，我脑袋里现在天天介都在往回想，跟放电影似的，自打记事儿起一直到现如今，八十八年了，那叫一个爽，甭提多滋润了，要么说老了活着更带劲呢。”

“对，对，能活到您这个岁数，那是一种福气。”

“瞧瞧，多中听，没错儿，咱祖孙俩投脾气。干脆，您以后别叫我大妈了，叫奶奶，您不会嫌我这老眉咔哧眼的样子吧，您爸妈不是北京人吗？我认下您这个孙子了。”

“好的，奶奶！”小伙子也学老太太的痛快样，爽朗地叫了一声。

“唉——”老太太甜甜地应了一声。别看她老了，心眼儿那个活泛劲儿一点儿也不减：认下这么一个美国孙子，街坊和大杂院里的人谁能不高看？像吃麦当劳这样的新鲜事儿，没准儿以后还有机会呢。

“说吧，您想听哪一出？”

“听哪一出？”

“那是戏词儿，美国回来的听不懂了吧。就是问您想听哪一段，是从我出生说起呢还是从中间儿说起？”

“从头说起吧，关于您及您生活过的胡同，所有的我都想听。”

“好嘞，您听好了。”

“您是长辈，不用对我这小辈人使用‘您’，‘你’就可以。”

“那——不成，北京老礼儿多，咱不能坏了规矩不是，您有学问呀。”老太太清清嗓子，“要说胡同儿啊，那可话长了。北京有句老话儿说得好，有名儿的胡同三千六，没名儿的胡同赛牛毛。如果把以前的老胡同儿都连起来，没准儿比那长城还长呢。现在不行喽，就剩那么几片儿了。”

“您一直在这个胡同住吗？”

“不介，我住过仨胡同，打小儿住一个，嫁人后住一个，最后给赶到这大杂院儿里来了。”

“那就从您住的第一个胡同说起。”

“我们家以前可是大户人家，住的是大宅门，是广亮大门的院子，祖上当过官儿。知道什么是广亮大门吗？”说起这些，老太太自豪之情溢于言表。

小伙子摇摇头。其实，他看过写广亮大门的文章，了解一些，他佯装不知，是想给老太太兴致盎然的显摆提供舞台。

“那我得给您仔细说道说道。北京胡同儿里呀，过去有四种门：广亮大门儿、金柱大门儿、蛮子门儿、如意门儿。广亮大门是大官儿住的，台阶高，门洞深，有四个门簪，檐柱上有雀替和三幅云雕；金柱大门是中官儿住的，比广亮大门儿的门洞儿浅，门儿也窄些，不过大门儿的样子和雕饰跟广亮大门儿差不多；蛮子门儿是财主住的，财主再有钱也不能建广亮大门儿和金柱大门儿，知道吗？朝廷那叫一个狠，建了要杀头的，他们就发明了蛮子门儿。蛮子门儿的门前没什么地儿，门上也不能有雀替，但门框上可以有四个门簪。蛮子指的是南方人，蒙古人统治的时候，南人不是比北人低一等吗？老北京喜欢把南方人‘蛮子蛮子’地叫，所以就把他们发明的门儿叫了蛮子门。如意门儿是日子殷实的老百姓住的，也是胡同里最常见的大门儿，门口较窄，门儿上只有两个门簪，喜欢写上‘如意’两个字儿，求个吉祥如意。懂了吗？”

“懂了。奶奶，您真有学问。”小伙子的讨好，令老太太合不拢嘴，得意中冲小伙子挤了下眼。嘿，还会玩儿俏哪！

“那么，大杂院的门叫什么门？”

老太太说："我是旗人，也是享受过荣华富贵的。"

> 玩鸟的贵族旗人（资料图片）

> 旗人女孩逛街（资料图片）

老太太说："我爷爷是大清的官儿，住的广亮大门的院子。"

> 末代皇帝溥仪（资料图片）

> 清末朝廷大臣合影（资料图片）

“咳，那些个门儿呀，不入流啊。以前不是有东富西贵、南破北贫的说法吗？那些南呀、北呀乱坟岗子的地儿，都是些破柴门儿。告诉您，淘大粪也是有学问的，以前淘大粪的，都不愿意去那些穷地儿淘，都抢着到东城、西城淘有钱人住的胡同儿，架不住庄稼长得好哇。胡同儿里的厕所，老早前叫官茅房儿，吃肉带油星子的大粪，种地多有劲儿啊，那苗长起来都噌噌的，哪像那样吃糠咽菜的主儿，别说人不待见，庄稼都不待见。”小伙子被老太太那认真凝重的“大粪论”逗乐了。

“您甭乐，真是那么档子事儿。”老太太一脸认真地瘪着嘴，严肃地看着小伙儿，还真有点做学问的样儿了。小伙子脑中突然闪现出曾跟毛泽东较过劲的大儒梁漱溟的影子，梁漱溟老年时拍的一张相片，就是这么瘪着嘴，倔倔的样子。

“您祖上是什么官啊？”

“告诉您吧，我是旗人，我爷爷是大清的大官儿，高干，我爸就是高干子弟。那年头，知道高干子弟什么样儿吗？‘头戴马聚源，身穿瑞蚨祥，脚蹬内联升，腰缠四大恒’，从头到脚一身名牌儿，外加东四那儿四个钱庄的银票。您说牛不牛吧？”

“牛！”他夸张地竖起大拇指。

“我1921年生的时候，虽然民国了，但皇上还在宫里，我爷没官儿了，钱财还有，家里的日子过得照样红火儿。三进的大院子，有大影壁，有垂花门儿，有石榴树，有紫藤，还有好些个佣人。那时胡同里的好日子您知道是什么样吗？‘天棚鱼缸石榴树，老爷肥狗胖丫头’，咱家可比那还阔多了。哎哟喂，我也是享受过荣华富贵的，比现在的大款不次，现在的大款哪有我们家那时的佣人多呀。”

“您爷爷是清朝的什么官？”

“就像现在的部长什么的。”不知是老太太不清楚其爷爷具体的官衔还是不愿意明说，他也不好再追问。

“您跟他一起生活了多少年，还记得小时候那些事吗？”

“记得，越老越记得过去的事。”

“说给我听听好吗？”

老太太磨蹭了一下，“我今天累了，又吃了那么多，想睡会儿觉了。要不明儿个您到我家来听？”

老太太耍了个老心眼儿：他急着赶着地要听，不能都给他竹筒倒豆子，要抻着点儿，一回都说完了，以后怎么蹭他饭呀。

小伙子虽有不甘，也只好扶老人家起身回家。走向胡同时，看见一家中式豪华餐馆大门口一头立一个石狮子，老太太感慨道：“瞧瞧，现在真敢胡来，从前只有王府门前才能立狮子，我们广亮大门都不敢，要杀头的。”

三

老太太住在大杂院的尽头，要走到她家，需要穿过私建乱搭的各种棚屋，对外人来说，简直像走在狭窄的八卦阵中，而且还深一脚浅一脚的。

一个八十多岁的老太太拄着拐走这种路，想想都挺吓人。

昨天，送老太太回来时，他更加佩服老太太的生命力。

老太太的屋子只有一扇小窗，昏暗阴沉，几乎见不到阳光。这就不难理解，老太太为什么要穿越崎岖的八卦阵去胡同晒太阳。

老太太告诉他：“以前这宅子住一户人家，现在住进20多户，能不挤吗！”

小伙子去过鲁迅上世纪20年代创作《阿Q正传》时居住的八道湾11号故居，那里的三进院，现在住着40多户，也是拥挤混乱不堪，当年的建筑格局已经面目全非。

怎么会出现这样的杂居？这也是他一心想搞清楚的。

今天，他如约来到老太太的家。

老太太说："我还没有过过自家有上下水厕所的日子呢。"

> 老人冬天上公厕尤其艰难

> 老式蹲坑厕所，无挡板，无水冲

他一推门——

“哎哟，孙子哎，您可来了，我一直在等您，还怕您不来了呢。”老太太把屁股从床上抬起来。

“您别起来，别起来！我怎么会不来哪，约好的呀！”

“我怕您烦了我这啰哩啰嗦的老太婆。哎，我叫您孙子，您爱听吗？不像是骂人吧？”

小伙子扑哧笑了出来：“您叫我，那不是应该吗？”

“昨儿个儿，这院里就炸锅了，说我这糟老婆子不知在哪儿烧了高香，捡回您这么个又帅、又有学问、又好心眼儿的孙子，都嫉妒我呢。”

“是吗？昨天遇到你们院里的几个邻居感觉挺友善的嘛。”

“我告诉她们，您请我吃了麦当劳，喝了咖啡，想吃多少就吃多少。对了，昨天那些个汉堡吃多了，昨儿个和今早都不想吃饭了。”

“没有撑坏吧？”

“哪儿那么娇气哪！没事儿，就是比吃大馒头肉多，堵着了。您猜她们说什么？‘美死了吧老太太，攀了个洋孙子，可您对那小伙子有什么用啊？’哈哈，她们还不知道我是您的活宝呢。”

老太太的质朴与透明，让小伙子感觉特别舒畅有趣。这种胡同里的市井交道他还是第一次打，以前二十多年的人生，他从未享受过如此粗放的交际。

“哎哟，憋不住了，我得先撒泡尿。”老太太一边往尿盆那儿挪，一边嘟囔着，“您不在意吧，孙子，反正是老太婆了。”

小伙子扭过脸去，不知如何回答好。

“瞅瞅，尽瞎高兴了，尿盆满了也没倒，早上给忘了。顺子妈肯定是嫉妒了，今早也没说来帮我倒尿盆。”

老太太说：“这尿盆是‘文革’时的物件儿，用了二十多年了。”

> 老式搪瓷尿盆 （资料图片）

> 老太太用的就是这种样式的尿盆

> 老式的脸盆和架子

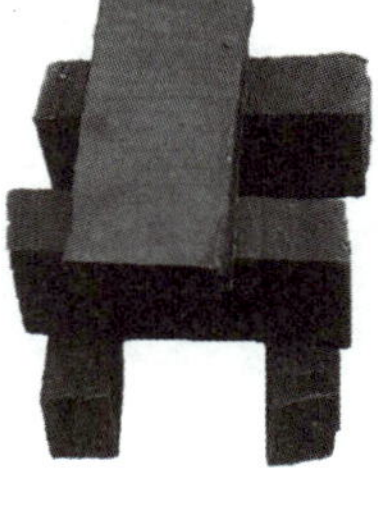

> 把肥皂叫胰子

> 把火柴叫洋火

“要我帮忙吗？”小伙子心虚地问了一句。

“哪能让您倒呢！等会儿找顺子妈。”

小伙子想赶快脱离尿盆话题，“奶奶，您看我们在哪儿聊？”

“在这儿聊吧。”老太太指着一个中间弹簧开花的沙发，那是她屋中唯一的上座。老太太拿个鸡毛掸子掸掸土，让小伙子落座，他显然不能坐，礼让老太太坐，他搬个木凳坐老太太面前，打开了录音机。

“老太太，尿盆要倒吗？”一个中年女声从门外传进来，随之门被推开。“哎哟，您的洋孙子来了。”中年妇女笑眼扫着小伙子，“知道吗？老太太把您挂嘴上摘不下来了。”

小伙子搞不清这话是恭维还是挖苦，只好礼貌地点点头。

妇人双手端起高脚尿盆往外走，那尿盆是碎花搪瓷的，面上磕出不少黑斑，底部还补过，看上去很沧桑，有种文物感。

“又尿这么多，都快溢出来了。”妇人道。

老太太解窘道：“她呀，是刀子嘴豆腐心，没亲没故的，帮我好些年了。”

“谁让咱们住一个大杂院哪。”妇人依旧快人快语。

老太太见小伙子认真盯着尿盆，“稀罕是吧，这尿盆是‘文革’时的物件儿，用了二十多年了，1967年我和老头子搬这院儿来时买的。有次顺子妈倒完尿拎盆儿回来，被一串胡同的老外发现了，那傻老外还想收藏这尿盆哪，笑死我了，那老外也不嫌这玩艺儿臊烘，我总不能坑人家吧，您说是不？我没卖。到时候落个街坊邻居戳我后脊梁骨，我犯得着吗？再说啦，这尿盆是我们老头子买的，他也用过，留着也有个念想不是？”

前几天，小伙子在北京电视台一个介绍在京外国人的节目上看到，一个英国人就收了“文革”时期胡同居民用过的旧暖瓶、竹制童车、搪瓷尿盆等东西，把它们视作宝贝。另外，他在外国人喜欢去的一条胡同里，看到一家

老太太说：“我五六岁时，军阀一茬一茬地来。”

> 军阀代表（资料图片）

> 北洋军阀时天安门前的示威者 （资料图片）

“LOST&FOUND”（失去和找到）的店中，也在卖类似的东西。

胡同里的吃喝拉撒睡，特别是老太太这样的老式人物，因为还保持着过去的古朴生态，没有受到太多现代生活转变的冲击，所以让外国人着迷。比如，老太太的脸盆架儿是解放前的，脸盆是“文革”时的，甚至老太太现在还把肥皂叫“胰子”，管火柴叫“洋火”。

老太太突然想起了什么，拍着手大乐起来，“对啦，早年有个儿歌，唱的就是：‘我们家穷，你们家富，你们家尿盆一大摞。’哎哟，现在要真有一大摞尿盆呀，那可真富喽。”

老太太还在想着尿盆的事，看她那一副老天真的样子，可爱得一塌糊涂。

待老太太乐够了，小伙子问：“您家里没有自来水，没有卫生间，挺辛苦吧。”

“说得是啊，活了八十多了，还没有过过自家有上下水厕所的日子呐。我爷爷他们那会儿，家里安了电灯和自来水，但还没来得及安厕所，就破落了。您是不知道，冬天大杂院儿里的自来水龙头结那大冰坨子，不出水还得用火烤呢。夜里去胡同里的公厕，风从坑里吹，由下往上灌，那可真叫透心儿凉，想想都瘆得慌。”

“大家都想搬离胡同吗？”

“那也不见得，有的离开了大杂院，回来说楼房方便是方便，可谁也不搭理谁，住对门都不知道人家是干吗的，哪有大杂院的交情和热闹呀。我就是又想离开又不想离开，您看住这胡同儿住这大杂院，还得捅咕这煤炉子，不定什么时候还可能被煤气给熏死了，我可不想死啊，知道不，越老越不想死。听说胡同儿里要煤改电，还不知怎么改呢。”

小伙子看过已故作家汪曾祺写的“北京胡同文化的精义是‘忍’”，真可谓观察深刻。网上有人把大杂院一族描绘为：烦着、熬着、骂着、忍着，同时又快乐着的人们。

老太太说：“辛亥革命后，满人很害怕被汉人杀掉。”

> 孙中山曾提口号：驱除鞑虏 恢复中华（资料图片）

> 同盟会最终确定建立汉满蒙维藏五族共和国（资料图片）

老太太说："如果把以前的老胡同儿都连起来，没准儿比那长城还长呢。"

> 俯瞰四合院

胡同人这种矛盾心理，也是他研究的社会人类学关注的内容。

小伙子早已注意到，胡同里有烟囱伸出的地方，不少贴着"防止煤气中毒"的宣传标语。此外，胡同院墙上，甚至胡同入口处的标志牌上，到处贴有"防止煤气中毒"的标语，可见这是个相当危险的问题。前一阵，看北京新闻报道时，时常会看到煤气中毒的死亡案例。

老太太的家门上也伸出去一截烟囱，烟囱尽头还挂着半截可乐瓶接烟油，门口堆了一摞蜂窝煤，煤炉既可取暖也可做饭。

> 北京的胡同从辽金元明清五个朝代走来

四

“您现在都回忆小时候什么事啊？”

“那可多了去了。这么跟您说吧，我小时候猴精猴精的。三岁那年，我爷爷阴着脸打外头回家来，家人都不敢吱声，我们那大家庭好些孩子呢，谁也不敢凑前去，就我不怕，敢扑进爷爷怀里，还抚着爷爷的胡子说：‘玛法（满人叫爷爷）笑笑，玛法笑笑，皇上让您笑笑。’听到这话儿，家人都惊了，后来我爷爷还真笑了。我那时懂什么呀，老听大人说‘皇上、皇上’的，就

> 北京以“井”命名的胡同很多

觉得皇上能管我爷，就像我妈能管我那样。哈哈，这事儿，我哪记得呀，是大人后来告诉我的，说是打那儿以后，我爷就特待见我，超过其他的孙子孙女。您知道那天我爷为什么阴着脸吗？皇上被冯玉祥赶出宫了。我爷那个恨冯玉祥哦，在家没少骂他。”

“皇上逊位，后来又被撵出紫禁城，您家的生活受到什么影响？”

“害怕呀，怕被汉人欺负，怕被撵出宅子。那会儿不是有什么遗老遗少吗，咱家是正白旗，是八旗里的上三旗，跟婉容皇后是一旗，我玛法他们是遗老，我阿玛他们是遗少。听长辈儿说啊，我出生前那些年，那日子过得才叫一惊一乍的，一会儿小皇上被推翻了，一会儿袁世凯又当皇上了，一会儿张勋的辫子军又回来了，一会儿冯玉祥又把辫子军打跑了，都不知道是该高兴啊还是该害怕了。

“打我五六岁上，有记性了，那日子过得也倍儿揪心。军阀一茬一茬地来，忽隆隆一会儿这帮来，忽隆隆一会儿那帮来，胡同里总也不安生，旗子换来换去，今个儿这个军兵敲门，明个儿那个军兵敲门，弄得人心惊肉跳的，什么黎元洪、段祺瑞、张作霖、阎锡山的，闹心得很哪！”

他不得不佩服老太太的好记性，那么多军阀名字，她记得清清楚楚。

“话说回来，也不都是揪心事儿啊。过年那个开心劲儿呀，现在可没法儿比。您听听：‘小孩儿，小孩儿，你别馋，过了腊八就是年；腊八粥，喝几天，哩哩啦啦二十三；二十三，糖瓜粘；二十四，扫房子；二十五，炸豆腐；二十六，炖大肉；二十七，宰公鸡；二十八，把面发；二十九，蒸馒头；三十晚上熬一宿，大年初一扭一扭。’管你哪个军阀大王来挂什么旗呀，咱过年的喜，是谁也冲不走的。

“咱说句良心话，人家北洋军阀也不尽干坏事儿，也干好事儿啊。在南城香厂路盖了西洋式的‘大世界’，在那地界可以看电影、听曲儿、吃喝嘛的。在先农坛北墙外盖的‘城南游艺园’，好玩着呢。您猜老北京那时怎么说，‘天桥土得掉渣儿，天桥也洋得冒尖儿’，谁让它们都在天桥那块儿呢！”

老太太是个超级乐天的人，所以她的记忆里有忧也有喜。但作为旗人在那个特殊年代的担忧，他能够充分想见得到。

当年，孙中山发动辛亥革命最主要的口号就是“驱除鞑虏,恢复中华”。起初，满人皇亲贵族都在被驱除之列，甚至有人公开宣扬把满人统统赶回关外。但随着蒙古王公着手独立、外国列强觊觎瓜分中国的时局变化，同盟会最终重新确定了起义目的，不能把鞑虏排斥在外，要建立汉满蒙维藏的五族共和国。

由于满人从明朝夺得政权以后，曾有清初的顺治皇帝下令对明朝皇室宗亲无论投降与否皆处死的先例，所以满人在汉人夺回政权后对自己下场的恐惧也就理所当然。

“军阀呀，汉人呀，当时伤害过您家人吗？”他问。

“军阀要东西就得给，不给要打人。杀满人没怎么听说过，倒是汉人杀汉人的事我知道一些个。张作霖杀那个李大钊，杀那个报纸社长邵飘萍的事，家里长辈儿老议论，所以我知道。再后来，我嫁人后住的那胡同儿，离邵飘萍开报馆的魏染胡同儿不远，穿过去几个胡同儿就是，他报馆的宅院还在，院门上‘京报馆’三个字还在，也是个破烂的大杂院了。”具有讽刺意味的是，老太太那时担心被汉人杀，却只闻汉人杀汉人的事。

事实上，数百年里，就是最地道的北京胡同土著，其祖上的血统也早已不知何谓正统。

胡同的产生与少数民族颇有渊源：胡同始于元代，由蒙语“井”的发音转换而来。因蒙古统治者是骑马民族，游牧中非常重视水，所以建都北京时，形成了先挖井后造屋的规矩。

因此北京以“井”命名的胡同格外多，曾有十个“井儿胡同”，若算上“干井”“湿井”“甜水井”“苦水井”“大井”“小井”等，不下四五十个。北京曾经有个“屎壳郎胡同”，汉语虽然很难听，但蒙语很美，是“甜水井胡同”的意思。

老太太说："要活嘛就好好活着，开开心心的。"

> 唱京剧的老人（资料图片）

> 遛早的胡同大妈和小狗（资料图片）

那会儿，胡同的水井多是苦井，如果挖到甜井，便集资盖一窝棚，水夫住旁边看管收费，俗称“水窝子”。

北京的“胡同祖宗”，是辽代遗留的“三庙街”，九百多年前叫“檀州街”，位于今天的西城区国华商场后面，学界公认它是北京最老的胡同雏形。

砖塔胡同是有文字记载的最老的胡同，元曲杂剧《沙门岛张生煮海》中，梅香姑娘的一句台词“你去兀那羊市角头砖塔儿胡同总铺门前来寻我”，就是明证。砖塔胡同得名于胡同口搭建的金元时期名僧万松老人的砖塔。

除了远古时期，这近千年来，把北京作为都城（辽为陪都，金为中都）总共有五个朝代，辽、金、元、明、清，除明朝是汉人统治外，其他四个都是少数民族统治。再往历史上头推，从魏晋南北朝开始，就不断有少数民族入主，最让人引以为傲的唐朝，统治者李氏皇族也是异族混血。所以说从根本上讲，中国已基本无纯粹的汉人。如果深究的话，自唐朝从北方南迁的客家人（没有与当地土著通婚的一系）可能保留相对纯粹的汉人血统。

如今满人也早已淹没在汉人堆里，胡同里像老太太一样由大清王朝遗留下来的满人后代应该不少，但许多都被视为汉人了。

“您嫁的也是满人吗？”

“不介，嫁的回民。那会儿，满汉呀、满回呀都可以通婚了，我们家也破落了，玛法也死了，阿玛又抽大烟又玩儿票（京剧票友）的，我额娘想让我过个安生日子，别老担惊受怕的，就托媒婆儿给找了个买卖人，人家喜欢三寸金莲儿，嫌我是大脚还不想要呢。我们满人可不裹小脚儿，再说啦，那年头也不兴裹小脚了。”老太太向后仰身的笑容里，依稀透着丝丝甜蜜。

“您结婚时多大，是哪一年？”

“十六上，正好是二八年华，嘻嘻。还有，正好那年小日本打进北京。”

“是吗？那您给讲讲。”

“该给那‘哑巴爹’吃东西了。”

老太太说：“我那老头子是回民，做吃买卖的。”

> 回族老爷子

> 老北京的小吃大都由回民经营

> 烧木炭的传统火锅炉排成了行

“哑巴爹？”

“就是煤炉子。老北京时，煤炉子可是宝贝，冬天取暖没它不行，所以叫它‘爹’呀，就是自己吃不饱，也得给‘哑巴爹’吃饱喽。”

老太太还算麻利地拿煤铁子夹起蜂窝煤，放到“哑巴爹”的肚子里。

小伙子当作古董观赏。

“哎呀，累了，说不动了。”老太太挪回沙发上，呷一口茉莉花茶，仰靠在沙发背上。

老太太累了，不假，但滑头，也有点。

“奶奶，中午想吃点什么？”

“您还管我吃呀？那敢情好，这回咱来点北京风味吧，让孙子您也见识见识咱老北京的吃食咋样。”

五

他成了真正意义上的胡同串子，一大早就往胡同里钻。

天亮了，胡同里也躁动了，人来人往不说，那独特的问候声此起彼伏：“倒尿呢？”“吃了吗？”“买菜去？”“遛弯哪？”“您家大胖小子哪儿上班去啦？”

个个儿都是大嗓门，高亢的声音飘荡在胡同上空（五四运动时就欲解决的这个高门大嗓的“国民性”问题，迄今仍原封保留在胡同里）。

路边的馄饨摊儿，豆腐脑摊儿，拨浪鼓伴着糖葫芦，一片混杂不堪的叫卖，夹在汽车喇叭和自行车的铃中。

提笼架鸟的老爷子，用蓝布把鸟笼包着，前后大甩迈着方步，脖子上仰，目空无人。

蹲在墙根儿的中年男人，眼睛愣着神儿发呆，像是心中纳着什么闷儿，下岗啦?

牵狗遛的老头儿走累了，一屁股坐在门墩儿上，狗就势趴他脚下，老头儿怜爱地对着小狗哼哼：“小小子儿，坐门墩儿，哭着喊着娶媳妇儿。”小狗似听懂般，“汪汪”附和点头。

一穿着鲜艳戏装的大妈，等着同样鲜艳的另一大妈从大杂院里出来，“快点儿，秧歌都开始扭了！”

一对中年夫妇，男的手提京胡，女的手拿扇子，胳膊挽着胳膊，不知要到哪儿拔调儿去。

一年轻的板儿爷，蹬着平板车飞驰而去，后面紧跟一句大吼：“嘿，玩儿什么命呢，没长眼啊！”

一辆红色宝马跑车，从新装修过的四合院车库里缓缓开出，按着喇叭

老太太说：“我十六岁嫁人，那年日本人打进来了。”

> 老式迎亲坐轿（资料图片）

> 日本《朝日周刊》封面（资料图片）

左拐，一穿高中校服的骑自行车小伙子回头骂了声："牛逼个屁呀！"

胡同里的这股子精气神儿，绝对是北京独有的气韵。

这种市井场面，不由得不让他身上冒出"血的蒸气"（鲁迅语）。

他认为，此一《清晨胡同图》，堪比张择端的《清明上河图》啊！

他按点儿来到老太太的家。老太太呲着牙花子，第一句就是："那些个饽饽真好吃（旗人惯于把点心称'饽饽'）。"

原来还惦记着昨天的吃食呢。小伙子笑了，心想，老了真就成小孩儿了，最开心的是吃。

"早起，喝杯热酽，把茶喝通了，再吃点儿各式饽饽，那才叫舒坦。我以前最爱吃聚庆斋饽饽铺的点心，可惜聚庆斋没了。昨个儿您给我买的那些个饽饽，好像找回了聚庆斋那口儿。"

正好，今天干脆和老太太谈吃吧。

听说要聊"吃"，老太太兴致极高。"我还没告诉您吧，我那老头子以前就是做吃买卖的。那钱啊，都是从人家嘴巴里挣下的，在前门那地界买了个小四合院，把我娶过去的。

"我不是说过他是回民吗？他们回民可会做买卖了。前门那儿有条珠宝街您知道不？前门廊坊二条有九十多家玉器店，一半儿以上是回民开的。老北京爱喝烧酒，最初管那烧酒叫'阿剌吉'，是阿拉伯语'出汗'的意思，喝烧酒不是要出汗嘛。后来又叫'烧刀'，那酒烈呀，再后来叫'老白干'，现在的'二锅头'都是那么来的。老北京把那卖酒的铺子叫作'大酒缸'，店前的那些个大幌子可是倍儿招眼！

"还有，北京以前哪有汽车呀，都指着骆驼拉东西，老照片上见过骆驼队没有？告诉您，那些个赶骆驼做买卖的，差不多都是回民。以前，阿拉伯商人不是在全世界都有名吗？回民啊，天生会做买卖。"

老太太说：“日本投降后，国民党军队来了北平。”

> 日本占领军在北平（资料图片）

> 国民党军队进驻（资料图片）

老太太说："解放军是冬天进的城。"

> 解放军从前门大街进入北京（资料图片）

老太太似乎很为她已故老公的回族骄傲，从"吃"一下子扯到了回民的超凡经营能力。不过，老太太的东拉西扯也真让他长了不少见识。

小伙子把老太太再拉回到"吃"里来。

"回民的'两把刀'和'八根绳'有名着呢，我那老头子就是靠'两把刀''八根绳'起家的。'两把刀'是切羊肉和切糕的刀，'八根绳'是挑着担子到处叫卖，一根扁担挑俩筐，一筐不是有四根绳吗，俩筐不就八根绳了。

"告诉您，北京的小吃大多是回民小吃过来的，焦圈儿呀，豌豆黄呀，茶汤儿呀，驴打滚儿呀，门钉肉饼儿呀，切糕儿呀，炒肝儿呀，多了去了，回民小吃有二百多种呢。

“北京有句老话儿，骂人没良心的话，就会说‘您这人怎么跟炒肝似的没心没肺’。

“老街坊都说我吃东西那嘴齁刁，敢情，那是我那老头子惯出来的。”

老太太嘴里“老头子”“老头子”迭出，似乎她老伴还活着。

他询问老太太，她那“老头子”的祖上是什么时候来到中国的。

“听老头子说过，是一千多年前从波斯来的，波斯不也是阿拉伯吗？蒙古人统治那年头，元朝优待回民，叫色目人，是说眼睛带色儿的人，我那老头子眼睛虽说已没了色儿，可比我的黑眼珠子还是浅点儿。以前我们有家谱呢，‘文革’给烧了。我们住的扬威胡同，街坊好多回民呢，都在前门那一带做买卖，胡同边儿就有一清真寺，不大，按四合院式样建的，那会儿总去做礼拜呢。”

是呀，他发现北京的清真寺建筑基本上看不出穆斯林风格（与世界其他地区的清真寺有很大不同），以北京拥有千年历史的牛街清真寺为例，建造的也是比较典型的北京庭院风格。这很有意思。穆斯林在北京这种入乡随俗的建筑融合，到底是主动行为还是被动行为？

纵观中国历史，汉民族对异民族的融合力相当惊人，即使在世界各地“顽固不化”的犹太人在中国也被同化了。历史上的开封犹太人与汉人通婚，并参加科举入仕，渐入中国主流，还是明朝的传教士利玛窦意外发现了他们的存在。他们的后代现在也基本上都是汉族了。

老太太喝过茶，吐过痰，接着说。

“告诉您，我不是说过出嫁那年赶上北平沦陷，小日本打进北平吗？日本兵进城走的前门大街，离我们家不远，我这人就喜欢看热闹，所以他们进城我就去看了。”

他问老太太日本占领时期的生活如何。

“北京沦陷时期呀，咳，爱谁谁，咱小老百姓，反正都是过日子呗。军阀来

>1949 年 10 月 1 日的天安门广场（资料图片）

了也好，小日本来了也好，甭管谁管着，咱总不能饿死吧。我那老头子说过，只要能活着就行，饿死不值。他祖上一千多年前从阿拉伯来，我祖上三百多年前从东北来，不都是打外面来的吗？北京人见多了，活得明白着哪！胡同里该干吗干吗。”

听罢此言，小伙子想起日本人写北京的一本书，其中叙述的北平居民手持太阳旗夹道欢迎日本兵的场面在他眼前掠过。老舍（也是旗人）写的《四世同堂》小说，通过小羊圈胡同一班人的各种表现，可谓立体反映了那个年代的百姓状态。北平民众当年的表现应是多元的，有反日的，也有抗拒的，但多数恐怕还是接受命运的。要么华北一带怎会有那么多“狗腿子”“皇协军”呢？以至于现在的“愤青”，动不动针对国民劣根性骂上一句：“中国盛产汉奸！”其实，老北京的这种“顺民”心态，恐怕来自老太太讲的生存之道，这也是北京人千年磨炼的结果。

老太太说：“告诉您，日本投降后，国民党军队来了北平，老百姓那个高兴劲儿，满大街喊‘蒋委员长万岁’‘国民党万岁’。可没多久，国民党的接收大员们就一个个‘五子登科’喽，什么金子、房子、票子、车子、女子，捞得肥得不得了！结果，最后被解放军给赶台湾去了。”

老太太似乎又想起了什么，接着说：“对了，我们街坊有一户人家，早就活得倍儿明白，送十二岁的小子去当兵，先在北洋军阀的军官家当勤务兵，后来日本来了又当了皇协军，再后来国民党回来又当了国军，49年这小子一家跟蒋介石他们跑台湾去了，最后又从台湾开溜到香港，加入英军当了伙夫。嘿，您瞧瞧，人家这活法儿。最后哇，可出息了，1995年从香港回北京养老，在德胜门内的胡同里买了个四合院，每个月英国驻北京大使馆给他支工资，可享清福啦，您说谁看着不眼红？”老太太漏风的嘴巴，让她羡慕不已的语言带着风箱声。

“虽然我那街坊没有看到北平解放的样子，但人家也没受多余的罪啊！哪像我们呀！您看我这日子过的，以前住东城的广亮大门，后来住宣武的如意门，现在可好，住西城的大杂院。因为我那老头子给日本军队供应过吃食，日本投降后被骂汉奸，‘文革’时更被整惨了，房子也没收了，一家子被赶到现在的大杂院里来。”

小伙子已经了解到，北京大面积滋生的大杂院，源于两个方面：一是人口的迅速膨胀，二是对有产者的剥夺。

说起这些，乐观的老太太闭眼靠到沙发背上，不想吭声了。

六

小伙子再来老太太家时，给她捎来一个带小折叠凳的金属拐杖，拐杖很轻，拄起来也很稳，走累了随时可以打开折凳坐下。

小伙子给她演示后，老太太喜不胜收，拄着那拐，走了坐，坐了走。

“您真是我的亲孙子哎，比亲孙子还亲哪，我真是命好呀，遇上您这么个好孙子。”老太太没完没了地唠叨。

其实这东西并不贵，紧口饭钱就出来了，却让老人欣喜若狂。举手之劳能有如此收获，小伙子也很欣慰。

老太太说：“我那小子也不做功课了，一头扎进红卫兵的海洋里。”

> 全家上台献忠心（资料图片）

> 交流造反心得（资料图片）

> 开庆功报喜大会（资料图片）

老太太坐在沙发上，边摆弄着新拐杖，边喃喃说道：“要真有个亲孙子，还不见得有您这么疼人呢，咱这胡同里的孙子多了去了，还真没几个能让我看上眼的。现如今的年轻人，哪儿懂得回报啊，尽想自己个的事，才不管老人哪。不像您，美国回来的懂事理儿。”

“奶奶您过奖了。那么，奶奶，您儿子是怎么过世的？”

“‘文革’中死的。”

“‘文革’中怎么死的？”

“我生下这宝贝儿子多难啊，可死去就一忽儿的事。没办法，命啊。我结婚头六年，怎么都不见怀孕，吃了好些中药也不管事儿，我额娘都急死了，以为我这辈子生不下孩子了。您说怪不，我额娘后来还真就死了，谁知道是不是为这事急死的呀。我阿玛在我额娘过世前就死了，抽大烟抽的。这下可好，娘家撑腰的人儿也没了，那怎么办？总不能给人家断后吧，甭管乐意不乐意，只能张罗着给爷们儿娶个小哇，找来找去想找个老实点儿的，来家后别跟我过不去，正忙活着挑选呢，老天有眼啊，嘿，我就有喜了，那小也就不用娶了。可生下来一看，是个闺女。那不成，没小子不成。就急着盼着地要生小子，直到1949年才生下我们家小子。解放军是冬天1月31号进的城，我那小子是秋天10月1号生的，跟新中国同一天生日，所以起了个名叫‘开国’。可好，我那小子就忽忽悠悠地活了十八年。”他没吭声，帮老太太斟满茶，继续听老人叙述。

“我那小子两岁时，全国搞‘三反五反’，孩儿他爹不是工商户吗？结果弄出个什么偷税漏税、偷工减料，成了‘半守法半违法户’，挨批被整了好些年。我那小子六岁时，全国又搞了‘公私合营’，铺子被国家收走了，开始还给点儿利息，后来利息也没了，全归国家了。孩儿他爹白天在外面装高兴，晚上回家喝闷酒，专拿孩子出气，我那心疼噢。

“我那小子上学以后，还特喜欢那些个没完没了冒出来的幺蛾子，在学校表现积极着呢。‘除四害’来了，他身上挂个苍蝇拍儿，走哪儿拍打到哪儿；腰上别一弹弓，见麻雀就射石子儿；手上拿个火钩子，没命地追着老鼠烫，他时不常地得个小红旗、小红花的拿家来。那时候，好像5根老鼠尾巴换一张电影票，10个死麻雀换一块糖，这样的物质刺激，小孩儿哪有不积极的！胡同里的孩子们，见活物就打，别说老鼠，小猫小狗的也都快打没了。可好，最后弄得胡同里看不见鸟飞，连麻雀的叫声都听不到了。

“‘大跃进’来了，刚开始他跟同学一起捡废铜烂铁，后来孩子们都偷家里的铁勺呀、铁锅呀献给学校炼钢，也不知都是谁出的那些个幺蛾子。啊，您以为那些钢铁就那么好炼，修一大土炉子就成了，学校里、胡同里到处都支个大土炉子炼钢铁，让各家各户捐铜捐铁的，不捐还不成，您说这都什么事儿啊，哪儿跟哪儿啊，结果可好，把好锅好勺的都炼成废铁渣儿了。”

老太太讲得太激动了，唾沫星子都从嘴角溢出来了。

老太太说："我忘告诉您了，我上过电影。"

> 安东尼奥尼在拍《中国》（资料图片）

> 尼克松夫妇登上长城（资料图片）

> 尼克松一行参观故宫（资料图片）

他听得入了神，这些生动内容正是他梦寐以求的。

“我那小子不光是参加活动积极，学习成绩也特好，比他姐强多了。他姐不成，生下来就是病秧子，打小就病病歪歪，光瞧病了，顾不上学习。长大了，他姐身体也不济，肾不好，后来得了尿毒症，就他姐这身体，也比我那小子多活十六年啊，我那小子在最好的年纪走了，还走得那么突然。”

老太太使劲眨巴着眼睛，却没有一滴泪，也许老人家的泪早已流干。

小伙子赶紧过去轻抚老太太，让老太太休息，说今天就聊到这里。

老太太一挺身板，“不介，我今天非要把我小子这段说完不可。”

“66年‘文革’来了不是？就我小子那成绩，本来肯定能考上大学，可大学不招生了，都闹革命去了。我那小子也不做功课了，一头扎进红卫兵的海洋里，跳忠字舞、写大字报、抓走资派，跟同学一起祸害老干部，祸害知识分子，连老师都祸害，反正想整谁就整谁，谁家东西好就抄谁家，把那些当官的、有文化的、过去有钱的人都给揪出来批斗，还给人家戴上纸做的高帽子，拉大街上转悠丢人家脸，您说这还有王法吗？就是皇上被推倒那阵，也没乱成这样儿啊。红卫兵还天天喊着‘舍得一身剐，敢把皇帝拉下马’，皇上在哪儿呢？不早就给拉下马了吗？

“我们家也被抄了，值钱的东西都给拿走了，连那些老照片都不放过。以前，我有好多家族的老照片，玛法的，额娘的，阿玛的，广亮大门的，都有，‘文革’来了都没了。您说，这叫什么革命呀？辛亥革命也没说把家抄了，把人打了。红卫兵说他爸是资本家，剥削过工人，给日本鬼子效过劳，被揪去批斗，还挨了打。我和他爸劝我那小子别跟那些个红卫兵一起发热症，咱不害人。您猜怎么着？他嚷嚷着说我们是反革命，出身不好还不悔过，要跟我们划清界限。您说，我们招谁惹谁啦，那么好的小子，以前多懂事、多听话啊，不知中了什么魔怔，愣是被这‘文革’弄成了白眼儿狼。他跑街道办事处告我们污蔑‘文革’，说旧社会比新中国好，这不要我们命吗？批斗我们的时候，我头发被揪下去好些绺，他爸的腿也被打断了。幸亏我那闺女还有良心，没卷进‘文革’一块儿发疯，要不然还真活不下来喽。”

老太太闭目养了好一阵神，然后接着说。

“我那小子非要去外地串联不可，我们不想让他去，可也管不了哇，他就背个绣着毛主席头像的黄书包一甩袖子跑了。后来，过了一礼拜，学校老师找到我们家，说我那小子在湖南和同学一起扒火车的时候，因为火车开着人又太多，结果一出溜，失手掉到铁轨上磕着后脑勺，就没了……”

老太太哽咽着，不再吱声，只见胸腔大幅度起伏。

小伙子赶忙过去为老太太轻轻拍着后背，生怕老太太伤心过度带来危险。他有些后悔，不该让如此高龄的老人陷入丧子之痛的回忆中。

一种若隐若现的哀鸣，伴随着呼吸从老太太的嗓音发出。

老太太的眼神很空洞，那种哀，深不见底。

小伙子的心被撼动着，不知如何是好——在他串过的不少胡同里，还能依稀看到“文革”时期留下来的语录或标语，虽然有的被刮扫过，有的被油漆涂盖过，但那些斑驳的遗迹，在岁月磨蚀下更显沧桑——就像老太太心底那无法消除的悲痛。

七

等小伙子再见到老太太的时候，她又是大着嗓门笑呵呵的。

太好了，小伙子悬着的心落了地，老太太的生命力真让他叹服不已。

“我忘告诉您了，我上过电影。”

“上过电影？什么电影？”

“1972年，我在胡同口卖冰棍儿，是老外拍的。”

“是美国总统尼克松访华时拍的吗？”

“不是，尼克松来北京，那可是大事儿，大家伙都特兴奋，都想出去瞧瞧，

老太太说："'四人帮'倒台的时候，一百多万人上长安街大游行。"

>（资料图片）

>批判"四人帮"大会（资料图片）

> 打倒“四人帮”宣传画（资料图片）

可居委会通知了，不让出胡同，怕我们出去损咱中国形象，所以都让在家待着。”

“那是什么老外呢？”

“高鼻子、黑头发的一伙人，听那中国翻译说过什么意大利，那老头比我年龄大，我那会儿五十出头，他没准儿六十岁了。他们对着我且拍了一阵呢，电影出来还被批判来着。”

“啊，我知道了，是意大利导演安东尼奥尼拍的纪录片《中国》。”

“也不知道我在片子里是什么样儿，这辈子也算没白活，怎么说咱也上过电影，留下影子了不是，还是外国人拍的。”

老太太的话，让他放声笑出来。

是啊，他阅读过那段历史，而且也看过《中国》这部长达四小时的“白描电影”。导演安东尼奥尼在影片于西方公映时说过：“电影的名字叫‘中国’，事实上这不是关于中国这个国家的电影，而是关于中国人的电影。”那时的西方，对共产党执政下的中国完全不了解，所以安东尼奥尼使用了最原始的拍摄方式：直接记录，几乎看不出剪辑。

老太太说："只要我活着，那些亲人的魂儿，就都在我这儿聚着呢！"

> 图中老人非小说中人物

中国对这部影片掀起过大规模的批判，《人民日报》1974年1月30日发表了《恶毒的用心，卑劣的手法——批判安东尼奥尼拍摄的题为〈中国〉的反华影片》评论，这篇《人民日报》评论文章指出："安东尼奥尼却把中国人民描绘成愚昧无知，与世隔绝，愁眉苦脸，无精打采，不讲卫生，爱好吃喝，浑浑噩噩的人群。为了丑化中国人民，他挖空心思地拍摄坐茶楼、上饭馆、拉板车、逛大街的人们的各种表情，连小脚女人走路也不放过，甚至于穷极无聊地把擤鼻涕、上厕所也摄入镜头。"

可想而知，老太太卖冰棍被摄入安东尼奥尼的镜头，再自然不过了。他决定，将来再看一遍《中国》，去镜头里找老太太，如果找到的话，送老太太一个碟，让她在有生之年看到自己的影子。

他见过报道，2004年11月25日，意大利大使馆文化处在北京电影学院放映了

> 图中老人非小说中人物

老太太说："北京的胡同过去多如牛毛，现在大多毁喽。"

安东尼奥尼的《中国》，听说观影反响非常热烈，事隔三十多年，毕竟这是第一次在中国公开放映。

那时的北京情景，现在也只有在胡同里、在老太太身上还能看到了。

"奶奶，'四人帮'倒台的时候，您参加庆祝了吗？"

"参加了，一百多万人的大游行上长安街，街道组织的队伍，我积极着呢。我这人不是爱凑热闹吗？别说'四人帮'倒台，就是总理去世后，在天安门

广场搞的那些个悼念什么的，我也去了，都是走着去的。那会儿，我腿脚麻利着呢，我是大脚，跟那些个小脚老太太不一样。那时候，我们已经不在前门那块儿住了，儿子死了没多久，就被连窝儿给端这胡同里来了，要不，那边更方便。”

“是以什么理由把你们迁到这个大杂院的？”

“理由？还要什么理由呀，人家看我们好欺负，成分不好，儿子也没了，老头子也瘫了，女儿病歪歪的，就我厉害管什么用，架不住人家势大人多。”

“人家是谁呢？”

“街道呀，居委会呀，邻居呀。”

小伙子瞪大了眼睛。

“您可是不知道哇，鬼子大扫荡以后，北京来了好些外地农民，刚解放那阵又进来那么多外地人，咱北京哪儿有那么多四合院给这些人住哇。‘文革’不是没有王法了吗？人家抢四合院那还不跟抢馒头似的，好多大杂院儿都是这么来的。四合院的主人被挤到犄角旮旯的一间屋里，其他的都被那些早盯上眼的没房户占了。我因为抵死不让院子，最后连自家院子的一间屋都没留住，给轰这儿来了。”

原来，大杂院史里存在如此的野蛮性和掠夺性，怪不得鲁迅的“汉奸”弟弟周作人，在八道湾11号故居被彻底大杂院化不久，也就是1967年5月，在那个院犄角旮旯的一间屋里寂寞死去。

“现在那个院子的产权归还给您了吗？”

“咳，谁肯还？那里住着十几号人家，还回来，那些人搬哪儿去？”

“那您现在住的房子有产权吗？”

“不知道，反正我也没后人，我死了，这房还不定给谁呢！有几个远房亲戚好像盯着这房呢，我可不乐意给他们。用他们的时候，根本见不到人影儿，像我那闺女自杀，老头子病死，都不见这些人来过。”

“您女儿为什么自杀？”

“尿毒症，后来没钱做透析了，又疼得厉害，就在39岁上吊了。闺女可怜啊，一辈子没结婚，也没孩子的。”

“噢。”小伙子无言以对。抱歉，又捅到了老人的伤疤。

“我那老头子是在我72岁时走的，也走了十六年了。他走的时候已经说不出话，只能冲着我流泪，我知道他是不愿意把我一个人孤零零搁下，怕我熬

不住。咳，那又有什么法儿啊？这么多年，老的少的，一个个都走了，我能不痛苦吗？能不孤单吗？实话跟您说，我有一阵儿也不想活了，觉得活着忒没劲，这辈子好日子没过多少，尽过苦日子了，眼泪一会儿为这个流，一会儿为那个流，最后都流干了。您说，现在这日子，改革开放了，不再人整人了，大家伙儿铆足劲儿挣钱了，发财了，致富了，过上好日子了。可惜，我们家那三口，都没这福分了。”

“是啊。”他附和着。

“后来呀，我也想开了：甭看我还在这胡同里窝着，还住这大杂院的破屋里，反正我这孤老婆子也没啥本事，只要我活着，我还有口气，他们就都没有死。我时不常地梦见他们，在我梦里，我那小子永远18岁，闺女永远39岁，老头子永远74岁，只有我一个人长岁数，他们都是以前的模样。告诉您，我们一家子其实一直都在我身边，只是白天看不见，一到夜里就都出来了，有时候连我玛法、阿玛、额娘都出来。我越老，一家子团圆的次数也越多。您瞅瞅，北京这些年变化多大呀，要是我也死了，不都看不见了？所以呀，我看见了什么，夜里他们就知道了什么，梦里我都告诉他们。”

小伙子深受感动，使劲点着头。

“所以说，活着好哇，只要我活着，那些亲人的魂儿，就都在我这儿聚着呢！”

八

小伙子在北京的这三个月，把方圆65公里的老北京东南西北的胡同大致串了个遍，他的感慨与触动一直在胸中起伏。

北京南城菜市口附近的大片胡同，墙上随处可见画着圆圈的大“拆”字，有的一画一长串，其状触目惊心。

当年北京城最大的棺材铺马上就要拆掉，康有为故居陷在一片拆字中岌岌可危，张君秋早年的宅院已然荡平，偌大的山西会馆已被推掉了半截……体量极大的房地产项目中信城，正在拆迁旧胡同建高层住宅。

老太太说："我这辈子没白活，到老了也终于用上马桶了。"

请注意，眼下是2009年，相距"北京旧城历史文化保护区"的推出已整整十年，北京以前的古旧神韵破坏了已无可弥补，但现在为何还要大拆大毁？北京市的领导曾一再强调："对四合院要成片保护，要加强规划，旧城内不允许成片推平头、盖楼房，对此态度要坚决，措施要果断。"可这不是在成片推平头盖楼房吗？

他很疑惑，菜市口东面这一大片都在旧城范围内，而且拆迁的动作很高调，房地产商在胡同口的马路主干道上竖有醒目的售楼广告牌，为何不见政府干预？

这地界有三多：会馆多、梨园行故居多、棺材铺多，原先这里属于"宣南坊"的一部分，曾是老北京的一个精华所在。

他拿着相机穿行在一条条行将消失的胡同里，为胡同和四合院拍下一张张遗照，心情如同那大杂院房顶上生长的枯草一样凄荒。

他去北京档案馆查阅这座城市的变迁，不仅看到了梁思成等人士保古城、保围墙、保胡同的原始记录，也看到了日本占领时期侵略军遗下的为完整保留北平古城而在复兴门外建新城的规划图。

他明白，这些胡同里的大杂院大都破败不堪，很难整修维护，但施以简单的

大面积“拆”，绝不是解决办法。

北京市政府曾经规划，把老北京居民从皇城迁出50万，从内城迁出100万，合计老城区共迁出150万人，期望为胡同换血，即穷的出去，富的进来，用市场方式使胡同旧貌换新颜。但这不仅遭到胡同土著的抵制（他们不愿去远郊，那里孩子上学、成人上班、居家购物远不如城里方便），也引起文化学者的批评（迁入的富人可能许多是外地人，北京原有的胡同风貌将不复存在）。

不过，也不能说都压抑，另一番景象也让他有种豁然开朗感，北京现在有几条颇具盛名的胡同——南锣鼓巷、烟袋斜街和后海，那些过去老旧破败的胡同里，由于一家家古典与时尚结合的酒吧和咖啡厅亮相，也由于贩卖具有中国元素小玩意儿的精品创意小店的纷纷出炉，吸引了大批海外的和中国外地的游客蜂拥去逛胡同，让那些老胡同不仅焕发了全新的生命，而且日益成为北京的时髦去处。

北京市政府现在似有妥协，不再重提迁出150万老北京之事。眼下，除菜市口一带还在大拆之外，其他胡同正在一条条进行粉刷修整，包括老太太住的胡同，也开始了粉刷修整，有的一刷子下去就把胡同墙体的老砖纹理瞬间覆盖了，这种简单粗放的粉饰，似乎并不利于胡同的保护。

其实，北京的卖点，除了皇家宫苑，真正吸引人的还属那些老胡同和老胡同里的人们。

与老太太的长谈，让他走进了一个家族史，了解了一些胡同史，也触摸了一段国家史。

胡同于他，已不仅是做学问了，无形间培养出一份浓厚的感情。然而，他现在不得不离开胡同，不得不回美国做学问去了。他已决定，博士毕业以后重回北京，父母那辈移民去了美国，他要再移回来。

他打的来到老太太居住的胡同，刚提着一个大大的纸箱下得车来，不远处那些正聊天的大妈们，把目光齐刷刷转向了他这里。

北京真正吸引人的还属那些老胡同和老胡同里的人们

> 胡同里晒太阳的老人

“小伙子，又给老太太送什么来啦？”他显然成了胡同里的名人。

小伙子抿嘴笑笑，本不想回答。

无奈她们围了上来，毫不客气地低头查看那纸箱上的文字。

“便携马桶？哎哟，您看人家这孙子多孝顺呀。快拿出来看看，让咱也过过眼。”

在胡同里打开马桶张扬，没必要吧，他还是有点儿不情愿。

“您这马桶没有上下水能用吗？”一个大妈已经亲自动手拆箱了。

“能。”他不好阻止，只能配合了。

> 胡同里逗孙儿的老人

说话间，纸箱已被打开，坐便器也被大家七手八脚端了出来，一个大妈还坐上去试了试。

这个硬塑料制成的马桶跟厕所里的真家伙几乎一个样，就是下面多个可以抽卸的屉状箱体，尿液入箱，粪便被分化成细小颗粒，密封性很好，排泄后无异味。

胡同里的各色人等（老年、中年、小孩儿）纷纷聚拢过来，边看新鲜边议论。

“哎哟喂，这年头真是什么都能造啊！”一大妈羡慕地直咂舌。

“这下可好，老太太再不用去厕所蹲坑大便了，一步登天，用上高科技了。”一中年男子附和。

“就是，他送的那带板凳儿的拐杖，把老太太乐得屁颠儿屁颠儿的，到处显摆，这回还不更得嚷嚷着要活一百岁啦。”一大爷也伸进脑袋添油加醋。

“老太太摊上您这个不沾亲不带故的孙子，万幸死了！”一个大妈感慨。

“我去叫老奶奶来看她的马桶。”随着一声清脆的童声，一个六七岁的小女孩撒丫子跑进了老太太的大杂院。

与马桶一起被众人包围议论的他，难免有点儿窘，但他同时也在沉思：胡同人的热情就是这么直白，要是胡同里换了血，这些胡同土著都迁出了城，再到哪儿去找这样的市井风情！

几个月的胡同串子经历，让他深深地爱上了这种老北京氛围。西方社区有礼貌与文雅，缺乏的就是这份热烈。他黄皮肤的血统似乎更渴望这种尚没有被全球化改造的热烈。

“来了，来了，来了。”街坊邻居们传递着这话，给老太太让出一条道儿。

老太太拄着那带凳的拐，被小女孩儿拽着钻了进来。

“我那孙子哎，您可要把我这把老骨头惯坏了唉。”老太太还没看见马桶呢，就煞有介事地嚷嚷开了。

“老太太，美死了吧您，您知道这马桶多贵吗？您就敢收！”那中年男人逗她。

老太太拉着小伙子的手指头，抬头瞟瞟孙子，再低头瞟瞟马桶，说向中年男人：“您孝敬的我是不敢收，我孙子孝敬的，您敢不让我收？”老太太笑得眼闭嘴开，那股子得意加撒娇的劲儿，像是要故意气煞这帮子街坊邻居似的。

大伙儿都随之哈哈大笑，胡同里热闹非常。

“还不坐上去试试，舒服着哪！”刚才试过的大妈对老太太说。

“嗳，试试，试试。”老太太在小伙子的帮助下，坐到马桶盖上，“我这辈子没白活，到老了也终于用上马桶了。”她再拉住小伙子的手，“哪儿买的？美国买来的？”

“在北京买的，医药商店有卖的。”

“外国造的吧？”

“对，不过也有国产的。”

“外国造的好，我那外国造的拐好着哪！”

“老太太，您整个一洋奴，现在中国造的东西不比外国的次。”中年男人再次逗弄老太太。

老太太在大伙儿的笑声中更来劲了，一字一腔地大声宣布：“孙子哎，赶明儿个我不在了，我那房子归您，大家伙儿作证啊！”

“大家伙听到没有？一马桶换一房，这买卖超值，值大发了！老太太，别看您那房又破又黑，可真要拆迁，没准儿那房值个小一百万呢！”还是那中年男人的洪门大嗓。

“您别拿我离嘻！我不管，就给我这孙子，谁让人家孝顺呢！其他的，让他们干急眼去！”小伙子傻笑着，陶醉于这种肆无忌惮的调侃中。

“甭理这些碎嘴子，孙子，不光那房，连同咱屋里的尿盆呀什么的所有老玩意儿都归您。”

“对，对，还有那宝贝尿盆！”中年男人的话又引起一阵极具爆发力的笑。

老太太与小伙子在众笑中，大眼对小眼，也都咧着嘴跟着乐。

待大家笑够了，小伙子不得不表态了，“奶奶，您今年才米寿，身体又这么硬朗，反应又这么敏捷，您一定会活过白寿，活过茶寿的。”

“什么米寿、白寿、茶寿的，打暗语呢！”中年男人这回蒙了。

“不懂了吧，去，就知道瞎嘞嘞，没文化。告诉您，米寿是八十八，‘米’

字拆开来，不正好是我老太今年的年龄嘛；白寿是‘一百’去‘一’，不是九十九吗？茶寿是一百零八，也是‘茶’字变过来的。这些个还是我爷爷当年教我的呢。”

老太太来了一通有如教授似的普及讲座，然后站起身，挽起孙子的胳膊，骄傲地冲大伙儿说：“走，不跟他们臭贫了，咱家去。”

小伙子向大伙点点头，重新把马桶装好，然后拎起装马桶的纸箱，挽着老太太向大杂院走去……

马 玲

2010年冬定稿于北京

怀旧——老北京之味

上世纪 70 年代流行的老北京酸奶，

陶瓷瓶，画纸封口，皮筋固定，

在洋式酸奶的冲击下曾一度被弃。

进入 21 世纪，

怀旧风刮起，

人们又重新寻回久远的味道。

怀旧的故事，

在胡同深处越来越多……